GOOD PARENTS
OFTEN TOUCH HEARTS OF CHILDREN

好父母
常常给孩子善意的连接

吴文君　著

电子工业出版社·
Publishing House of Electronics Industry
北京·BEIJING

图书在版编目(CIP)数据

好父母常常给孩子善意的连接 / 吴文君著 . —北京 : 电子工业出版社 , 2020.8

ISBN 978-7-121-38939-9

Ⅰ. ①好… Ⅱ. ①吴… Ⅲ. ①家庭教育 Ⅳ. ①G78

中国版本图书馆CIP数据核字(2020)第053489号

责任编辑：潘　炜

文字编辑：李楚妍

印　　刷：三河市良远印务有限公司

装　　订：三河市良远印务有限公司

出版发行：电子工业出版社

　　　　　北京市海淀区万寿路173信箱　邮编：100036

开　　本：720×1000　1/16　印张：17.75　字数：225千字

版　　次：2020年8月第1版

印　　次：2023年4月第3次印刷

定　　价：68.80元

凡所购买电子工业出版社图书有缺损问题，请向购买书店调换。若书店售缺，请与本社发行部联系，联系及邮购电话：（010）88254888，88258888。

质量投诉请发邮件至zlts@phei.com.cn，盗版侵权举报请发邮件至dbqq@phei.com.cn。

本书咨询联系方式：（010）88254210。influence@phei.com.cn，微信号：yingxianglibook。

目 录

用善意连接生命，
做孩子的人生导师

我面前站着一对母女，你一言我一语地在"斗法"。

妈妈每句话里透着的都是"担心""害怕"，以及对女儿未来的不确定。

女儿则有理有据，咄咄逼人："如果你因为我过去有很多计划没有实现，就怀疑现在的我，那我也不再相信你了，因为你也没有完成过一个贴在墙上的计划。"

"为什么一定要考第一？考上名牌大学就真的会一生幸福吗？"

"我不认为只有做家务是生活的基本技能，能够宠辱不惊，无论身处逆境、顺境都能保持平静，才是我们最需要的生活技能。"

"你认为只要努力就能成功，你以为的努力和我以为的不一样，看小说、玩游戏放松一下，就是不努力吗？"

"你总是怕我走弯路，可是我还没有走，怎么知道这条路是不是弯路？"

"我并不想对抗你，我只是想按我所想的去试一试。不试怎么知道对不对？"

"你的想法这么对、这么好，为什么你自己的生活却没过好？你还有这么多的遗憾，如果我要按照你的想法去做，那么我会比你过得更好吗？按你的想法去做，我现在过得都不好，难道未来就会好吗？我怕到时候都没有能力去追求我想要的生活了！"

......

这是发生在我的咨询室里很常见的一幕。孩子的母亲面对言之凿凿、坚定有力的女儿反而哑口无言，只能泪流不止。母亲像个受了委屈的小女孩，把目光投向我，无力、尴尬、无奈地求助。

两人的气势强弱，已见分晓。情绪低落的妈妈，想用自己的威胁、苦口婆心等诸种手段控制有独立思考力的女儿。虽然妈妈早就败下阵来，但是依然不肯也不愿意认输，做着最后的"挣扎"。女儿则心怀委屈，压抑着愤怒，完全不给妈妈喘息的机会。

怪女儿不懂事、不孝顺？叹妈妈好可怜、好心没好报？大部分人会一边倒地摇头，说："可怜天下父母心。"

可我却不偏不倚，不评判、不可怜、不说教任何一个人，只想通过我的客观观察，引领每个人看到自己更多的可能。

我在她们的争执进入白热化阶段时叫停，让她们站起来，互相换到对方的椅子上坐下，我只像复读机一样，把她们刚才各自扔给对方的那些语言"炸弹"复述一遍，让她们在接到"炸弹"时，体会被炸的感觉。然后我带领她们整合这些信息，重新再做决定。

妈妈哭着说："我真得听年轻同事的建议，不再把她当作孩子，那样我就不会这么痛苦了。看来我真的该放手了，我要去做自己该做的事，给她做个真正的榜样，让她知道什么是真正的努力。"我击掌称叹！

女儿说:"我愿意证明自己可以照顾自己。这个理由对我有吸引力,请你允许我,用这两个月自己管自己。期末考试中,如果我能考出如上学期一样的成绩,那你以后就不要再盯着我;如果考不出好成绩,那么我再也不用手机了。"我也是击掌叫好!

母女二人的博弈,就此有了转机。母亲虽心有不甘,但碍于我的面子和对我的信任,答应了女儿的条件。女儿则信心坚定,骤然找到了全力以赴学习的理由,信心满满而又充满期待地回去了。

这是两代人之间常见的对垒,老去的一代对已经完全陌生的新生代,不愿意交出自己的主控权。而新生代却势不可挡、据理力争,为自己争取用不同的方式尝试和体验人生的权利。不管要付出怎样的代价,都要亲自去尝试、体验和经历。

今天是五四青年节,一段不到四分钟的短视频"后浪"喊出了我的心声:给孩子们允许,用他们自己的方式去过我们不懂得的人生。他们不用活成我们想象的样子,因为我们这一代的想象力,不足以想象他们的未来。

我们作为父母,与孩子有这种不可改变、不可否定、不可代替的亲子关系。这份血浓于水的亲情,是孩子的根和生命之源。父母是帮孩子连接世界和未来的最重要的人,父母到底应该怎么做、做什么?这是天下爱孩子的父母最大的困惑!

父母们从父辈那里传承而来的教育理念,是把自己有限的人生经验,通过说教、否定的方式灌输给孩子,希望他们能够听话,能够按

"我以为"的方式成长。可网络时代的孩子们却屡屡让父母们受挫，他们逆反、对抗，"不要'你们以为'，只要'我以为'"，他们渴望精神引领，父母却力不从心。孩子不再只属于父母，他们属于更宽广的世界和天空；孩子不再需要说教，他们需要一个高层次的精神榜样和灵魂导师的引领。

好父母常常给孩子善意的连接——不要说教，不要否定，不要对抗；只要陪伴，只要引导，只要示范。

他们渴望父母们能够放下权威、建立威信，放下架子、拥有力量，放下说教、给予陪伴，放下恐惧、给予信任，放下光环、显示光芒，放下傲慢、显示自信，放下"应该"、只在当下。

"三不""三只""七放下"的父母，是把自己活得精彩的父母，是精神富足的父母，是富有智慧的父母，是活出喜悦、自在、具有正能量的父母，是主动与世界连接、奉献的父母，是走出狭隘、活出梦想和尊严的父母，是跨越生存恐惧、活出自我的父母……

这样的父母用他们的状态引领孩子、带动孩子，成为孩子生命中的精神导师，让孩子爱戴、崇拜、追随，和谐、亲密的亲子关系自然到来。

这样的父母哪里找？怎样成为这样的父母？

这样的父母就在我的课堂里。他们带着焦虑、困惑而来，带着搞定"熊孩子"的期待而来，打定主意改变自己。他们亲身体验和感受被引导、被陪伴的幸福和舒服，一层层蜕变、一步步超越、一次次释放、一次次重塑，脱去了被限制的硬壳，感受生命绽放的喜悦和幸福。

然后他们如法炮制，如此去陪伴自己的孩子，体验做父母的喜悦。当以自己鲜活的生命示范，行"不言之教"时，才能感受以生命影响生命、以生命引领生命的成就和价值。

我的课程承担着"让千万个家庭笑起来"的使命，从线下到线上，有成千上万的父母在这条导师型父母成长之路上受益，他们不知不觉间也成了分享和传播的导师，带领着更多人走上这条成长之路。

为方便父母学习而设计的网络课程《180 天父母蜕变——成为导师型父母》，因为实用、有效的引导和技巧训练，成为所有父母的成长必修课，也成为许多亲子教育工作者、家庭教育培训导师、学校老师开设家长课程的备课资料。他们会把音频转录成文字，再转述给学员，帮助了很多父母。他们一直催促和呼吁，让我把网课升级为纸质书，可以方便更多父母学习和阅读。

于是，几易其稿，这本书终于与大家见面了。既了却了我的心愿，又圆了热爱课程的学员、导师们的梦。

今天——2020 年 5 月 4 日，我写下这些文字，献给所有爱孩子的父母，献给所有年轻的孩子们。导师型父母的成长，会改变更多人的生命，改变更多家庭的命运，改变更多家族的基因。好父母带给孩子善意的连接，让千万个家庭的精神和灵魂扬升和共振，让中华民族的幸福梦早日成真。

一个国家最好看的风景，是这个国家年轻人的笑脸。

为了年轻人，为父母者愿意改变自己、成就孩子们！

吴文君

2020.5.4　苏州

| 第一章 |

父母的生命能量关乎孩子的成长质量

一、认识自己，做好蜕变准备

欢迎你踏上成为导师型父母的蜕变之旅！每天一小步，本书用180天陪你成为导师型父母，为你带来惊人变化。

当你打开这本书，你已经做好了物质和精神的双重准备。物质上，你已经准备了本书，作为你的蜕变指南；精神上，你已经准备好蜕变，用180天的时间，成为导师型父母。接下来，我将从为人父母的困扰、认识原生家庭、测试生命能量三方面，帮助你做好蜕变前的准备。

（一）为人父母，你有哪些困扰

在蜕变之旅即将开始前，请检查一下自己的内心，看看自己心里装了什么？需要再装些什么？检视自己内心的信念，梳理自己为人父母的困扰，确定此次旅程的目标。这是你本次旅程的起点。

花点时间梳理你目前的状况和为人父母的困扰，在笔记本上做个简单的记录，主要围绕以下问题：你现在有几个孩子？孩子分别是几岁？是男孩还是女孩？你目前做父母最大的困扰是什么？这个困扰是关于孩子的教育，还是关于你与老人的相处，或是关于夫妻的琐事争吵？完成这项梳理以后，请把一只手放在胸口，老老实实地回答这几个问题：

1.你为什么生孩子？

2.你希望孩子未来成长为一个什么样的人？

3.你是如何做父母的？（翻开本书之前，你是如何做父母的？你希望成为像谁一样的父母？你不希望成为哪种父母？）

根据上述三个问题，我准备了相应的备选答案，希望能帮助你理性、清晰地认识自己。

问题一：你为什么生孩子？

备选答案：

1.为父母而生。

2.为爱人而生。

3.为自己的需要而生。

4.为了让一个生命来到世界。

你的答案是哪一个或哪几个？不同的人，答案会有所不同。有的人因为父母年纪大了，想让父母儿孙绕膝，所以是为父母而生；有的人因为爱人特别喜欢孩子，所以是为爱人而生；有人则因为天生就爱孩子，结婚就是为了生孩子，所以迫不及待地生了。也有一些人说："让一个新生命来到这个世界，是我的使命和责任。"生育的出发点不同，对待孩子和养育孩子的态度一定会截然不同。

问题二：你希望孩子未来成长为一个什么样的人？

备选答案：

1.希望孩子未来在学业、事业方面能超过我和爱人。

2.孩子成为怎样的人都可以，只要不像我和爱人。

3.希望孩子能实现我小时候没实现的愿望和理想。

4.对孩子没有期待，他可以成长为自己想成为的任何样子。

问题三：你是如何做父母的？

备选答案：

1.放养孩子，任其自由成长。

2.交给长辈带孩子。

3.认真看育儿书籍，陪伴孩子。

4.对孩子有求必应。

或许你一直觉得养育孩子并没有什么难的，让他吃饱穿暖即可，品格和道德的塑造可以等孩子长大再慢慢完成。或许你在育儿方面一直都比较困惑和焦虑，经常阅读育儿书籍，与朋友探讨育儿小妙招，甚至在网上搜索育儿知识和理论，你还会不自觉地模仿某些育儿榜样。这些行为的结果如何呢？

回答完上述问题，你会发现你的内心世界已经风起云涌，你对如何养育孩子、如何做合格的父母产生了更多的疑惑和思考。接下来你会检视和反思关于家、关于生命养育、关于父母和孩子的角色这些重要的课题。既然如此，让我们进入旅程前的下一个准备吧！

（二）了解自己，认识你的原生家庭

绘制家庭树

本章家庭树的绘制范围是你的原生家庭，包括亲生父母、养父母或继父母、兄弟姐妹。家庭树也被称为原生家庭图，是以树状图直观地呈现每个人原生家庭成员关系的图示。

第一步：画出原生家庭图的框架并分两层写下每一个家庭成员的名字。图的第一层是父母，第二层是你和你的兄弟姐妹，包括夭折、流产、堕胎的兄弟姐妹，按出生顺序用线段连接起来（不在世的成员用黑笔框出）。

第二步：审视你的生命源头，探寻每个人对你的影响。在每个成员的名字旁边写下你对他的评价和他的职业。评价包括三个性格特点，分别用一个词概括。分别用四种线段表示你与他的关系（粗黑线：亲密；单线：疏远；曲线：冲突；空白：连接中断），通过线段直观地看出原生家庭中成员之间的关系。

第三步：察觉家庭树的循环及相似性，展望和猜测这些循环会如何在自己的新核心家庭中重演。

三幅典型原生家庭图

为了便于大家理解和操作，我选取了三幅简单的原生家庭图。请按照以上三步骤进行初步解读，猜测每个家庭里成员之间的互动模式和案主的生命状态、生命循环模式。

第一个家庭是典型的三口之家（如图1.1），是常见的独生子女家庭。父母之间是冲突关系，父子之间是疏远关系，母子之间是亲密关系。父亲是一名律师，沉默、粗暴、能干；母亲是一名教师，强悍、唠叨、任劳任怨；儿子是一名法官，沉默、能干、坚强。

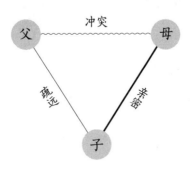

图1.1　原生家庭图1

第二个家庭是一个重组家庭，父亲有位前妻，并有一孩早夭，以"X"代表。父母结婚，生了现在的女儿。如图1.2所示，父与前妻的关系呈亲密状态，父与现妻的关系呈疏远状态，父与现女之间是亲密关系，母与现女间是冲突关系。父亲是一名工程师，大男子主义、懒散、乐观；父亲的前妻是一名销售经理；母亲是一名公司文员，柔弱、可怜、坚韧；女儿是一名企业主管，积极主动、脾气大、韧性强。

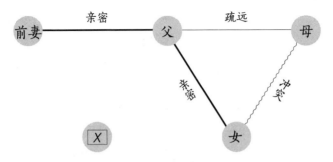

图1.2　原生家庭图2

第三个家庭中的女案主是被领养的，在原生家庭中排行第二，家中老大是男孩。女案主聪明、善良、冷漠，是一名会计，她与养父母一起生活，以虚线相连。生父是一名企业家，冷漠、不负责任、聪明；生母是一名会计，她世故、势利、能干。女案主与生父、生母的联系中断。养母善良、笨拙、亲和力强，是一名家庭主妇；养父本分、朴实、勤俭，是一名工人；兄长性格冷淡、聪明、贪玩，是名企业管理员。女案主与养父母关系疏远，与兄长有冲突。

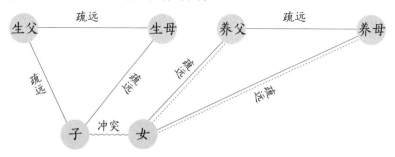

图1.3　原生家庭图3

以上三例家庭树看似不同但核心相同，即每个孩子只有一对给予其生命的父母，这就是世上各种关系里最稳定、最核心的关系，是不可否定、不可改变、不可代替的永恒的血缘关系。人们常说亲情"血浓于水"，都是由"铁三角"衍生而出的。在"铁三角"中（如图1.4），一个男人和一个女人先结为夫妻，二者结合生下孩子，由此才产生永恒的亲子关系。

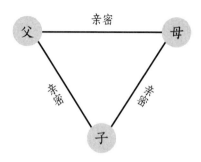

图1.4　原生家庭图4

夫妻关系先于亲子关系而存在，但它不是永恒不变的，有可能因为一人离开而中断，但其中"父亲与孩子""母亲与孩子"的关系，却是永恒不变的两种互不相同的关系，不可以相互取代或被否定。

无论遇到什么情况，在养育孩子的过程中妈妈都没有资格代替爸爸，爸爸也没资格代替妈妈。每个孩子来到世界，就有了与父母相连的各自独立而永恒的亲子关系。亲子关系真正的本质是父母尽己所能，给予孩子生命！

因此，对于子女来说，"生"本身就是最永恒且唯一的礼物，"养"则是附加的礼物和恩德。父母是否养育子女或养育的质量如何，不是衡量亲子关系的基本要素。每个新生儿就像一颗独特的钻石，被父母带到世界上体验和经历生命之美。钻石本身的光芒不会因外包装的优劣而改变，无论是珍贵的丝绸还是粗糙的牛皮纸，都无法代替钻石本身的珍贵，所以父母"生子"之恩，是"铁三角"中亲子关系的核心，无法取代；而"育子"之恩，则是一份附加的恩情。独有生恩，已无还报，两恩并重，是谓最深亲子之情。

除了生命的给予，还有做人的传承。孩子在父亲身上学到男人的力量，经与父亲连接感受到与世界的关系。孩子在母亲身上学到女人的慈爱，经与母亲连接感受到安全与亲近，学到了何为女人、何为妻子、何为爱。父母两人在孩子的成长过程中都扮演了非常重要且无可替代的角色。孩子跟爸爸的关系往往决定了孩子跟世界的关系，跟妈妈的关系往往决定了孩子跟亲人的关系。

"铁三角"的关系虽然简单，但是非常重要。每个生命来到这个世界最初的6~8年里，是一种全然开放的"吸收"状态，毫无保留地开放所有感官，包括视觉、听觉、嗅觉、味觉、触觉，受到家庭中父母互动带来的所有影响。这些影响无意识地储存在孩子的身体、情绪、认知里，慢慢地形成自己的生命模式，好像在写人生电影的脚本一样。

这一切影响，在平时是潜伏未见的。往往在未来遇到某些事件造成了冲击，潜伏的场景被激发，这些储存的影响才会从个体的潜意识中浮现出来，以被扰动的情绪或信念为线索，唤醒曾经的记忆。如关于男女如何相处、丈夫和妻子的角色分工、父母对待孩子的不同方式等内容。在那时你会发现，原来小时候发生的一切都没有忘记，那些情绪和影响都深藏在自己的内心。有很多人做了父母才意识到，小时候自己的经历会一直影响着自己的情绪。这些童年经历从来没有随着记忆消失，每个人都需要主动地完成自我和解，才能开始觉醒、有能力主动选择过自己的新生活。

我做过很多咨询案例，其中一个案例的案主是位高学历的白领女性，人生路的前半程非常顺利，读书时成绩名列前茅，工作时成为同事中的佼佼者，可生了孩子后，却出现了严重的产后抑郁。为什么会这样呢？原来这位女性生孩子后，爸妈来帮忙带孩子，触发了她童年时爸爸妈妈的相处模式中有关冲突和对抗的记忆，让她觉得害怕、痛苦。同时她还要面对现实中的爱人、公公、婆婆……她不知如何处理这些复杂的关系，强行压抑这些情绪，反而导致了非常严重的抑郁。

在另一个更严重的产后抑郁的案例中，一位妈妈带着两个孩子一起跳楼自杀，她用这样的方式来解脱自己。她的"万言遗书"控诉自己的丈夫、公公、婆婆，令人唏嘘。但揭开表面的这层纱，真相却是这位妈妈小时候经历的创伤被重新激活，现实的导火索点燃了过去的记忆。她无力面对和处理自己的情绪，选择一死了之。

有人因恐婚而不婚，有人因不喜欢孩子而不生育，表面上纠结于各种现实条件、担心自己能力不足，其深层原因则是受小时候的创伤经历和生命模式的无意识控制，不去主动面对和处理就无法开始自己全新的生活。亲子关系的互动模式、父母互动的模式、家庭成员间的互动模式不仅在不知不觉中影响着自己的家庭生活，甚至影响着与其他人的关系，如上下级关系、师生关系、同事关系等。

孩子是否信任这个世界？是否有安全感？我通过三十年的研究和咨询案例积累发现，亲子关系是生命中一切关系的原型，亲子关系决定了每个生命的质量和状态。

在开始主动探索和学习之前，许多生命都在被动、无意识地更换不同的舞台和场景，跟不同的"演员"重复自己小时候无意识中写就的人生脚本。只要回溯根源，就可以改写自己的人生剧本，改变自己的人生。

改变从回到亲子关系开始，从了解、厘清、转化自己的亲子关系开始。

第一，从当下开始，有意识地觉察自己亲子关系的模式，因小时候的记忆被触发而开始转变。

第二，觉察之后，可以主动以成人的方式，重新选择切合当下的应对模式。比如我过去面对权威领导时会抖成一团，这也许是小时候被爸爸打的应激反应。觉察让我明白，对方只是领导不是爸爸，我只是下属，不是孩子，我只要用下属的方式去应对就好。这样我就有了重新选择的主动权。

第三，亲子关系的影响巨大，只需要从抗拒父母转为接受父母，就可以重归生命河流，获得源源不断的爱和祝福。接受父母就是真正接受自己的生命，就是跟生命源头的主动连接，就是真正接受世界。接受会带来改变，会创造幸福和喜悦。相反，内心对父母抗拒，就是抗拒和否定自己，就是断开与世界的连接，让生命源头断流。生命就会因分离而孤独，能量枯竭。

第四，父母对孩子的影响深远，今天你与爱人给予孩子的一切，都在创造和影响孩子的未来。父母越富有智慧，越有能力顺道而行，对孩子的影响就越深刻。反之，有意识地切断与祖祖辈辈的连接，会陷入无意识、无效教育孩子的痛苦循环。

互动分享：

1.在你生命的前六年里，有怎样的故事？

2.你会怎样回忆你的过去？如何向别人讲你小时候的故事？

（三）认识自己，测试"生命能量"

准备好纸笔，做如下测试。测试之前做几个深呼吸，放松一下，让心里的念头直接流动出来。

1.你觉察自己的情绪状态经常是怎样的？

备选答案（单选或多选都可以）：焦虑、紧张、愤怒、恐惧、懊恼、无奈、喜悦、平静、快乐、兴奋、烦躁、麻木。

2.你经常因什么人而自责、忏悔或内疚？

3.你经常梦见谁？梦中的情绪如何？与离开你的亲人有关吗？

4.你能区分麻木和平静两种状态吗？

5.当你感受到最强烈的爱时，是什么时候？

6.你知道爱人和孩子为什么不太喜欢靠近你、不愿与你沟通吗？

测试完成后，看着答卷，你发现自己的情绪处在哪个状态？是低落、平静，还是兴奋？

在过去的一年里，我在各种课程和场合中，将美国著名心理学家大卫·霍金斯的生命能量等级图（如图1.5）作为一种自我觉察和改变的工具，分享给许多人。

霍金斯经过30多年的科学实验，发现了生命能量等级的规律。他发现人与宇宙万物一样，只是能量振动的频率不同而已。从物理学的角度看，能量不分正负，只是振动频率不同，越轻、越抽象无形的东西振动频率越高，如思想、念头等；而桌、椅这些看得见摸得着的物质实体，振动频率就会偏低。

每个人都有自己的能量振动频率。人与人之间，看似是外形、长相不同，本质则是各自的振动频率不同。有人喜悦兴奋，有人愤怒压抑，不同的能量振动频率会呈现完全不同的生命状态。这种状态与每个人的身高、体重、长相均无任何关联，而是与其传达出来的情绪感受相关。

相同频率的能量能够产生共振，高频振动可以带动低频振动。曾有人做过一个实验：在一个房间放置很多不同的音叉，一个振动比较强的音叉，会引起其他振动较弱的音叉增加振动频率，并且逐渐变成相同振频的振动。人们发现，同频率的音叉容易产生共振，振动强的音叉可以带动振动弱的音叉与自己同频共振。以此我们明白：人与人之间的相互影响也是能量频率互动的结果。人们总是无意识地喜欢靠近阳光、有温度、总是开心的人，害怕靠近阴沉、紧张、烦躁、抑郁的人。有温度的人，总会不自觉地成为社交场合中的中心和领袖。

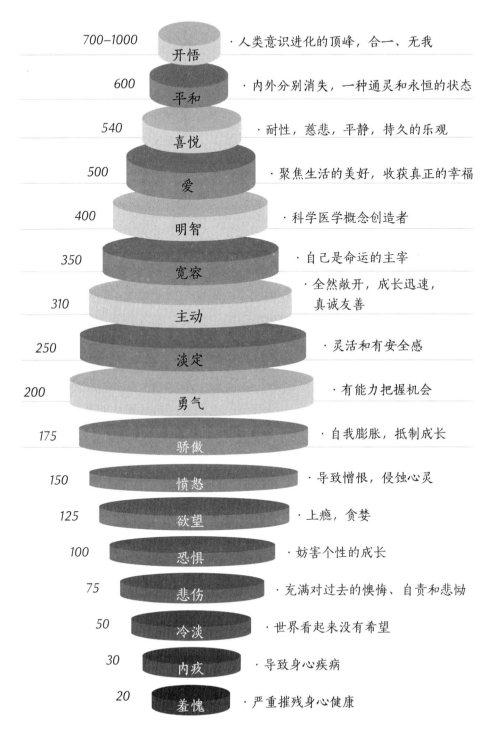

700-1000	开悟	·人类意识进化的顶峰，合一、无我
600	平和	·内外分别消失，一种通灵和永恒的状态
540	喜悦	·耐性，慈悲，平静，持久的乐观
500	爱	·聚焦生活的美好，收获真正的幸福
400	明智	·科学医学概念创造者
350	宽容	·自己是命运的主宰
310	主动	·全然敞开，成长迅速，真诚友善
250	淡定	·灵活和有安全感
200	勇气	·有能力把握机会
175	骄傲	·自我膨胀，抵制成长
150	愤怒	·导致憎恨，侵蚀心灵
125	欲望	·上瘾，贪婪
100	恐惧	·妨害个性的成长
75	悲伤	·充满对过去的懊悔、自责和悲恸
50	冷淡	·世界看起来没有希望
30	内疚	·导致身心疾病
20	羞愧	·严重摧残身心健康

图1.5 生命能量等级图

能量，是可测量的客观存在。霍金斯最大的贡献，是通过大量实验发现不同的情绪反应有不同的振动频率和不同的能量层级。能量层级，从低频到高频共有17个层次，决定了人生的状态和品质。羞愧、内疚、冷淡、悲伤、恐惧、欲望、愤怒、骄傲这些情绪的分数值都在200分以下，等级和分数最低的情绪是羞愧、内疚，骄傲的分数值相对较高。

中国人最怕"骄傲"，怕骄傲后翘尾巴，不思进取。所以我们经常用羞愧感教育孩子："你要好好学习。学不好，对不起爹妈和爷爷奶奶。"学校老师也这样训导学生："你爸妈辛苦工作都是为了你。你要好好学习，才能对得起他们。"事实证明，越这样苦口婆心地劝说，孩子越做不到、做不好。这是因为不断制造的内疚感、羞愧感越多，孩子的能量等级越低，越没有力量，无法做真正想做的事。我们就是无意间用羞愧和内疚两种能量，把孩子放在最低能量层级的"十八层地狱"，伤害了孩子而不自知。相比较而言，一个有资格骄傲的孩子，更有力量爆发自己的潜能，更有力量改变自己。可我们不允许孩子骄傲。

霍金斯的测试发现，能量等级在200分以下的人占85%，也就是说85%的人活在八种较低的情绪状态里。若无主动地改变，有人终其一生都会活在这样的状态里。能量等级在200~500分之间，生命状态就会发生质的变化，开始有勇气、淡定、主动、宽容、明智等正面情绪。能量等级在500分以上，就能达到爱和喜悦的状态，保持一个平和的心境，进入开悟的境界，脱离对金钱、权力、物质的所有贪求。能量等级到600分是平和状态，在700分至1000分是能量顶峰，达到"物我合一"的状态，是最高级别的精神境界。能量等级的提升，一定要通过主动、自觉地改变才能完成，产生大的跨越。

生命能量等级对于生活有怎样的意义呢？

有人这样形容人生：人的一生有三种状态，就像水有三种存在状态一样。一种是冻结状态，一种是平常状态（常温的），一种是沸腾状态。水在冻结的时候是冷的，人在冻结的时候是紧张、恐惧、非常被动的；水在常温时，是可以随意流动的，可以用不同的容器装起来，但仍要依附于容器，受到很多的限制；沸腾的水，则可以上天入地，有更广阔的空间创造、生发，不受容器的局限。水的三种状态是由温度决定的，人的状态则由心灵的温度决定，每个人心灵的温度决定了自己的能量层级和能量状态。

在认识和了解了生命能量等级规律后，你可以测试自己的生命能量等级，觉察孩子、爱人、父母的能量等级。你可以选择提升自己的能量等级或维持当前状态。

作为孩子的精神导师和精神偶像，父母的生活状态、生活态度反映了他们的生命能量，会影响孩子的生命能量的提升。父母应以积极的生命能量正面带动孩子快速提升生命能量，让孩子的未来更加辉煌。

互动分享：

1. 你的家人中谁是最受欢迎的人？猜一猜他的能量在哪个层级中？

2. 你见过能量层级最高的人是谁呢？请用本节内容分析他受欢迎的原因。

（四）实用技巧：给自己和孩子换标签

所谓标签，原指商品标注，用一个简单的卡片使商品的目类、价格一目了然。此处的标签特指以几个形容词描述某人、事、物的特点、特征，把拥有无限可能的存在界定和限制为某个点或方向。人们在与外界互动时，总会用某些词代表自己的信念和想法、评价和定义，如标签一样，贴在自己或对象身上。比如一张纸，本可以有很多用途，但贴上"打印纸"的标签后，人们只会在打印时想到它。

每个人来到世界，都有无限可能的发展空间，但在成长过程中，被家长和老师教导、评价、定义，有自己认同的，也有不认同的，慢慢地自己也主动或被动地接受了某些评价。每个评价就像一个标签，贴在自己身上，使自己容易被识别、区分，除了自己的姓名、性别，标签就是最简单的"我是谁"的说明。

除易识别，标签的暗示作用、对人的限制通常是刻板化的，缺少灵活和可变性。一个完全活成标签特征的人，往往也是一个被局限、受控制的人。只活成一两个面的人，丧失了生命的丰富色彩和其他变化成长的可能性，很难适应社会。比如"坚强的人"往往缺少柔和；坚持活成"努力"的人，往往过分执着、辛苦，缺少变通，难以活出自在完整的本性。父母对孩子的标签化，也会暗示和局限孩子，影响孩子的成长和发展。如"我的孩子除了不爱学习，其他什么都好"。试想，孩子接受了"不爱学习"这个标签后，他会有怎样的学习状态呢？

为了激发生活更多的变化，帮助孩子更有效地成长，重换标签是个非常实用且有效的技巧。

重换标签分两步进行：先给自己换标签，亲身体验换标签的真实感受和变化；再帮孩子换标签。

第一步，给自己换标签。在开始换标签之前请先做几个深呼吸，让自己放松下来。所有的练习都需要跟随自己的心，在放松的感觉中进行。请把一张A4白纸折成十等份剪开，做成十张卡片，在每张卡片里完成以下内容。

1.我是一个怎样的人？

问自己这个问题，看看脑海里会冒出怎样的形容词？比如"敏捷的""比较呆笨"。无论头脑中跳出怎样的词，不做评价，把十个词逐个写在十张卡片上。请注意，无论是你自己认可的，还是别人评价的，不管是好的、不好的，只要在脑海中出现，就如实记录。

2.用三个关键词概括你的生活经历（人生故事）。

3.把双面胶或胶带纸贴在每张卡片背面，把每张卡片放在身体相应的部位，感受它带给身心的感觉。

卡片放置的位置可以是头顶，可以是脚跟，可以是胯上，可以是腹部。完成之后，站在镜子前面，看一看贴着这些标签的自己，尝试做一些表情和动作来匹配这些标签，记住自己内心的感受。

这个过程也许对你来说是个挑战，但你需要老老实实、真实地面对自己，因为这是帮你认识自己、让你更有勇气面对自己的过程。

4.把卡片摘下来，试问自己：我希望未来过怎样的人生？

写下三个关键词作为答案。再问自己，未来要成为一个怎样的人？再写下十个词概括答案。试想当你成为这样的人时，有哪些场景和画面跳了出来？也请写出来。

5.将这些卡片一张张放在手心里，思考这些卡片贴在哪里更合适。

找到感觉，把它一张张贴上去，然后再站在镜子前面问自己：如果我是这样一个人，怎样的表情、动作才能匹配现在的这些新标签？让自己做出来，再感受有了这些新标签之后，身心有什么变化？

6.从第三步摘掉的十个标签里，找一些你喜欢的、在意却不喜欢的标签贴在身上。

现在你身上除了十个新标签，还有一些老标签。再次站在镜子面前看自己，又会有怎样的感觉呢？把这些感觉写出来。这时，给自己换标签的练习就完成了。

第二步，给孩子换标签。当你有了给自己换标签的经历和感受后，可以换种方式帮孩子换标签，不需要完全依靠我上文的介绍。

你可以跟孩子一起做，也可以带着爱人，三个人一起做。让孩子做出自我评价，你与爱人分别给他评价，让孩子同时看到爸爸妈妈眼中的自己、爸爸妈妈眼中过去的自己、爸爸妈妈眼中未来的自己，以及自己期望的未来的自己。孩子可以同时看到自己的许多面。你可以重复第一步的六个步骤，让孩子站在过去、现在、未来不同的时间点，去看到自己、别人眼中的更多可能。这对孩子来说将是一次非常有意义的自我发现、自我拓展的学习过程。

你们可以跟孩子一起分享孩子成长中的故事和场景，每人想出三个关键词；告诉孩子你们希望他未来过怎样的人生，成为怎样的人，再写出十个标签。一步步完成所有的过程，跟孩子一起分享彼此的感觉。

这个过程将非常美好，也许将成为家中非常美妙的黄金时间，带给你和爱人、孩子一份出乎意料的收获和幸福。

互动分享：

请写下当你看到自己贴满标签时的感觉和收获，以及你帮孩子做练习时的感觉和收获。

二、改变自己，重建信念系统

一颗鸡蛋从外破壳叫受到伤害，从里破壳叫突破自我。生命的成长是从内部核心开始的，信念系统就是每个人赖以为生的内部核心。所以，改变自己，必须从重建自己的信念系统开始。

（一）为何要重建信念系统

所有家长都希望了解搞定家中"熊孩子"的技巧，同时大家也清醒地知道，只有"术"类的技巧，而不对自身的教育理念、亲子信念进行升级换代，只能治标不治本。就像一部手机，无论外壳有多漂亮，手机内存和系统一定要与之匹配，不同的内在核心状态会影响操作和运用。每个人的核心就是自己的信念系统，是每个人出生之后长期慢慢形成的对世界的认知。它包括"世界是怎样的""什么是最重要的""人生是什么"三个部分，即人们常说的世界观、人生观、价值观。一个人的三观是与外在世界互动的中央处理器，影响着一个人的所有行动。

不同的信念系统让每个人戴上不同颜色的眼镜看外在的世界，表达跟世界的连接。有些信念是从父母那里习得的，是必须接受的权威信念。比如不要吃别人家的东西，过马路必须要红灯停、绿灯行。有些信念是从书本上学来的，还有些是自己在成长中慢慢习得的。比方说，必须要付出一分辛苦才能得到一分收获，不付出就没有收获。伴随着成长，每个人都会形成一套固定的认识世界、了解世界、与世界互动的信念系统。

看过我写的《孩子，妈妈陪你慢慢长大》这本书的朋友，经常会对我对待女儿的方式感到惊讶。比如下雨时允许女儿一个人在小区里看夜景；允许她一个人步行几小时穿过苏大校园；在不熟悉的成都，允许她一个人逛街……许多人觉得不可思议，认为"我绝对做不出来，打死我都做不出来"。

我的这些做法反映出的深层的信念是什么呢？第一，我相信世界是安全的；第二，我相信孩子可以自己照顾自己；第三，孩子需要经历和体验生命中独特的东西，需要独自经历和体验人生。有了这样的信念支撑，我才会允许她做上述那些看上去"不可思议"的事。

每个人的成长经历和生活体验是完全不同的。有人认为世界是恐怖的，充满竞争和对抗；有人以为人是可怕的、丑恶的，会相应地采取防卫措施，言行谨慎，维护与世界的互动，也用这一套思维模式和行为方式影响自己的孩子。比如人们常说的"棍棒底下出孝子"这句话，会支配父母用严厉的、恐吓的打骂方式，维持作为父母的尊严；"不能让孩子输在起跑线上"的信念则会引发家长的焦虑、紧张和控制心理。

每一套信念系统都会有与之相适应的言行。若要改变言行，须先改变内在的信念系统。改变信念系统，必须先审视内在的信念系统。

当你拿到这本书时，一定会被带给孩子善意连接的"导师型父母"吸引。导师型父母跟以往常见的教导型父母、控制型父母、教练型父母截然不同，核心是为孩子提供一个安全的、充足的空间，让孩子在自己学习、尝试、积累经验的过程中慢慢长大，父母只在孩子需要时给予相应的指导和帮助。导师型父母教育孩子，不是拉着孩子走，也不是抱着、推着孩子走，更不是打着孩子走，而是在旁边陪着他、在后面跟着他，给他肯定和赞扬的目光，在他需要帮助时伸出手。导师型父母常说的话跟以往的父母完全不同，其他类型的父母常说的话是"你应该干什么""你必须干什么"，导师型父母说的话是"有什么需要我帮忙吗?""你希望我为你做什么?""你看看会怎样?"与孩子的互动不再是推拉打骂，而是引领和陪伴，没有命令与要求，只有征求和询问，只有启发和引导。在这样的教育理念中，父母与孩子建立了善意的连接：站在孩子旁边，跟在孩子后边，陪他一起实现想要达到的目标。而想要获得这种质的转变，就需要重建你的信念系统。

互动分享：

1.你认为导师型父母需要一套怎样的信念系统?

2.导师型父母与你过去所学到的做父母的想法、做法有什么不同?

（二）如何重建信念系统

要与导师型父母的身份定位相匹配，就要有与之相适应的配套信念系统，颠覆和置换以往的信念系统。你也许困惑到底应该怎么做? 让我们先从审视你过往的信念系统开始吧。

先让自己放松下来，做几个深呼吸，安静地思考下面六个问题：

1.你认为好父母的标准是什么?

2.你认为好孩子的标准是什么?

3.你认为好父母应该怎么做?

4.你认为好孩子应该怎么做?

5.你最认可的教育孩子的格言是什么?

6.你最不能接受的教育理念是什么？为什么？

完成以上六个题目，静下心看自己写下的答案。进入你的内心，思考这些问题和答案碰触到你哪些固有的思维方式和行为模式？继续思考以下问题：

1.前四题的答案来自哪里？是来自父母、祖父母、外祖父母，还是来自老师、书本或社会呢？请找到它们的来源。

2.你对自己目前的生活满意吗？假如满意程度的满分是100分，综合评定之后，你给自己打多少分？

3.在过去，你沿用原来所学的这套标准和方法教育你的孩子，你的孩子快乐吗？你跟孩子的关系亲密吗？

4.随着社会的不断变化和发展，你认为用你现在的信念系统，能培养出未来社会的主人翁吗？

5.孩子眼中的世界是怎样的？他最在乎的是什么？最渴望实现的价值是什么？你用怎样的信念引导和示范，最有利于孩子适应未来的生活？

在对上述问题有了清晰的认识后，你应该已经知道，父母不只是教孩子怎样适应现在的生活，更要让孩子有能力适应未来的变化。导师型父母的定位，将颠覆你以往的育子信念，并不只是教给孩子一套现成和固定的方法、技巧，而是能够先突破自己的生命局限，打破以往封闭的自己，活出一个智慧和自在的生命状态，再去激发和引导你的孩子，让孩子在成长中不断获得适应社会变化的能力。所以导师型父母将是你不熟悉、不习惯的新的身份定位，需要你带着勇气突破和释放自己，带着你对孩子的爱，创造属于你和孩子共同的未来。

从开始到现在，你不断地思考和体验导师与教导、教练、训导、指责的差异。接下来静下心，回答下面十个问题，以此激发你的拓展和举一反三的能力，再次审视自己的信念系统，尝试重建信念系统。你不要约束自己，头脑中跳出什么答案，就记录下来。

1.过去，我认为好父母必须＿＿＿＿＿＿＿＿＿＿。现在，我认为好父母还可以＿＿＿＿＿＿＿＿＿＿。

2.过去，我认为好孩子必须＿＿＿＿＿＿＿＿＿＿。现在，我认为好孩子还可以＿＿＿＿＿＿＿＿＿＿。

3.过去，我认为世界是＿＿＿＿＿＿＿＿＿＿。现在，我认为世界是＿＿＿＿＿＿＿＿＿＿。

4.过去，我认为金钱是＿＿＿＿＿＿＿＿＿＿。现在，我认为金钱是＿＿＿＿＿＿＿＿＿＿。

5.过去，我认为人生最重要的是＿＿＿＿＿＿＿＿。现在，我认为人生最重要的还有＿＿＿＿＿＿＿＿。

6.过去，我认为健康是＿＿＿＿＿＿＿＿＿＿。现在，我认为健康是＿＿＿＿＿＿＿＿＿＿。

7.过去，我认为学习是＿＿＿＿＿＿＿＿＿＿。现在，我认为学习是＿＿＿＿＿＿＿＿＿＿。

8.过去，我认为分数和成绩是＿＿＿＿＿＿＿＿。现在，我认为分数和成绩是＿＿＿＿＿＿＿＿。

9.过去，我认为挫折和失败代表＿＿＿＿＿＿＿＿。现在，我认为挫折和失败还代表＿＿＿＿＿＿＿＿。

10.过去，我认为高情商是＿＿＿＿＿＿＿＿。现在，我认为高情商是＿＿＿＿＿＿＿＿。

在对这十条人生核心信念进行审视的过程中，相信你已经清晰地看到自己在学习之后发生的变化。对世界的看法因为内心的改变而发生了变化，许多过去坚持的东西，就在讨论和学习中被松动、被撞击、被扩展了。

信念的最基本意义，是帮助生命活下去。就像种一棵小树，为保护小树不受伤害，会在树旁边围一圈栅栏，保证这棵树有安全的成长空间。现在这棵树已长成参天大树，树干足够粗壮，原来保护它的那圈篱笆却开始成为它的限制，卡在树桩上，甚至磨损了树皮。这就需要把原来那些保护它的篱笆拆掉，或者变成一圈有更大空间的篱笆，给这棵树更大的成长空间。重装信念系统，就是在看到以往保护孩子安全的那圈篱笆已不适合孩子的成长后，再建一圈更宽广的篱笆，以适应孩子未来的成长。

作为父母，也要审视我们自己的人生，不能僵化不变，抓住以往的信念不肯松手，害怕改变。世界无限宽广，有无限变化，充满了无限的可能，只有不受任何信念限制的人，才能真正活得自在、放松、喜悦。这将是我们成长的方向：不断地破除自己的局限，不断重装信念，适应变化的社会，适应不断成长、改变的孩子，这样我们才可以和孩子好好相处，并指导他走向未来。

互动分享：

当你重建自己的信念系统后，你有怎样的感觉？你发现了什么？

（三）实用技巧：破框法

局限性信念是指限制一个人的成长，减少他更多的选择，妨碍他适应变化的所有信念。局限性信念会剥夺一个人面对变化、享受成功、享受快乐、享受喜悦的能力。很多人习惯了活在固定、僵化的局限性信念中毫不自知，难以活出灵活自在的人生。生活中任何局限性信念，都容易让自己处于尴尬、不自由的状态。

比如小时候，孩子常被家长教导："要离狗远一点，不然会被狗咬到。"这在小孩心中种下一个非常重要的信念：离狗远一点才安全。有了这个信念的小孩子成年后还是没办法靠近狗，常被狗吓得惊慌失措，被"狗是可怕的"这个信念牢牢地控制和限制住，没办法体验与狗一起玩耍的乐趣，甚至会影响正常生活。走在路上，一只狗从对面走过来，他会被吓得呆住，全身冒冷汗，旁人会觉得滑稽，无法理解一个大人会如此怕狗。

破框法是一个快速有效地松动、突破自己局限性信念的实用技巧，可以即刻体验信念突破的喜悦和快乐。导师型父母要改善陪伴孩子的方式，需了解三个最大的局限性信念："应该如此""托付心态""没有办法"，并通过破框法完成突破。

第一个局限性信念是"应该如此"，指"事情理应如我所认为的那样发生"。例如，孩子应该回家先写作业再去玩，孩子应该听话、有礼貌。我们有很多这种"应该怎样"的标准。假如孩子放学回到家，没先写作业而是先去玩了，我们就会非常愤怒，立刻指责和否定孩子，就会和孩子发生冲突，出现亲子对立的情形。然后这样的情形不断重复、循环，渐渐地我们失去了与孩子的和谐关系，无法有效引导孩子，亲子渐行渐远。

　　冷静一下，问自己：真的必须要求孩子应该那样做吗？这些"应该"真的比良好的亲子关系、孩子的健康成长还重要吗？也许你开始怀疑、开始动摇，但你不明白为什么自己会陷在那些条框标准中，不能自拔。

　　一个人的信念系统越僵化、越局限，"应该如此"就越多，对外界的评判越多、标准越多，被外界引发愤怒、恐惧反应的时候越多，自由越少。

　　我以前在上课时常讲一个小故事。某日我跟一个朋友约好六点钟在咖啡馆吃饭。六点不到她就在咖啡馆等我了，她饿着肚子等到八点钟我都没去。她非常恼火，很受伤地决定从此不再跟我来往。我本来应该按时赴约，应该打个电话联系她，应该主动向她解释原因……可是这些"应该"我都没有做，她愤怒、委屈、绝望，甚至产生自己是受害者的感觉，这都是正常的。

　　可实际情况是怎样的呢？那天我本可以顺利到达咖啡馆的，没想到下楼时滑倒伤了脚，手机又被摔坏了。然后我被送到医院，跟外界联系不上，若干天后再去联系那个朋友，她已经不接我的电话，彻底和我绝交了。两人都因此受伤，再也无法融洽地相处。在这个事件里谁是受害者？谁又是施害者呢？好像都是，又都不是，两人都没有在当时好好照顾自己，都成了"应该如此"的受害者。

　　我们要破掉"应该如此"的约束，植入一个新信念，从受害的感觉中解脱出来。这个新信念就是：凡事既然发生，就有它的理由。我无法控制事情发生的整个过程。我能够做的是，在这个当下好好地照顾自己，不影响自己的正面情绪。

　　按照这个新信念，上面的场景发生了一些变化：那位朋友坐在咖啡馆，等到七点钟我还没去。她肚子饿了，不执着于老师为什么不来、为什么不打电话、为什么不接电话，而是问自己："我肚子饿了，怎么照顾自己？"于是她先点一份餐，趁机回几个电话，处理一些一直没来得及做的事。到了八点钟，她再去赴另外一个约会。老师没来一定有原因，她无法操控，但可以让自己享受两个小时愉快的自我相处的时光。所有的过程都是喜悦的、自主的，没有若干"应该如此"的控制。

看完上面这个故事，请自问，你内心有多少个"应该如此"，让你成为受害者、被控制的人？假如再有那些事情发生，你可以做点什么配合这些变化，让自己在当下享受喜悦和快乐？

第二个局限性信念是"托付心态"。很多人习惯以"托付心态"连接与外界的互动。比如把自己的人生托付给父母，期望自己是"富二代""官二代""名二代"；或者把孩子的人生托付给学校，给孩子找最好的幼儿园、最好的小学、最好的大学；把孩子的人生托付给老师，找最好的班主任，让孩子得到最好的教育；把孩子托付给最好的单位和领导……一辈子，就这样把人生不断地托付给外面的人、事、物。"托付心态"的背后，是深深烙印在一代代中国人潜意识中尚不自知的生存恐惧。

你看到自己有同样的"托付心态"了吗？当一个人有了"托付心态"时，就局限了自己的能量，没办法用自己本有的力量活自己的人生，把自己的成功、快乐寄托于他人：你好了，我才好，只有你才能让我幸福，我自己没有幸福的能力。

很多父母常对孩子说诸如此类的话，"因为你考得不好，所以我才不高兴""因为你不听话，所以把我气病了""因为你没出息，所以我在众人面前没脸面"……当这些话脱口而出时，父母在内心已把孩子和自己捆在一起，将自己人生的喜怒哀乐托付给孩子。这样亲子间的关系就变成一种纠缠，彼此依赖，像一棵树和一根藤一样，藤绕着树，树靠着藤，哪能过好自己的人生？

要想突破"托付心态"，就要相信"每个人都有能力过好自己的人生，不能托付于他人"。无论是父母还是孩子，每个人都可以照顾好自己，活出各自独立的人生。不去托付给对方，也不被对方托付。

第三个局限性信念是"没有办法"。父母在和孩子遇到困难和挑战后常说："我没办法，不知该怎么做。"每当这时，我们的头脑和身体都会停下来，无法思考解决问题的方法，无法提出更多可能性。

假如从你所在的地方去北京，可以怎样去呢？坐飞机、高铁、动车、绿皮车、汽车或是步行……你可以说出无数种可能性。但是假如你不停地摇头，用各种理由否定各种可能性，很明显这是因为你并不想去北京，你并不想改变，你并不想解决问题。成功的人总在为改变、为解决问题找方法，而失败的人总在为不行动找理由。

对"没有办法"这个局限性信念，用"凡事总有至少三个解决办法"来突破。永远把注意力放在寻找"第三个方法"上，当你专注于寻找解决方案时，突破就开始了。

破框法这个实用的技巧，可以帮助你快速突破人生中最深层的局限性信念，可以增加无限可能性，发挥自己生命的力量，在每个当下照顾好自己，享受自己的成功和快乐。如此就会影响和帮助孩子，让孩子活出成功、快乐、自由自在的人生。

互动分享：

1.列举你自己曾有的"应该如此""托付心态"和"没有办法"的

生活场景。

2.请熟记本节内容提到的三个新信念，并在生活中应用，感受变化。

三、认识父母和孩子的三种形象

（一）对号入座，梳理父母的三种形象

每个人的内心都有不同层面的父母形象，我们对父母形象的认知和理解，影响着我们与父母的关系。接下来，我将梳理父母的三种形象。

第一种是**现实层面的父母形象**，即生育自己的父亲和母亲在现实生活中留给自己的感觉和印象。孩子从降生到成长，时刻都与现实父母互动。现实中父母是活生生的，是可以直接与他们互动的；现实中的父母也是不完美的，是普通的凡人。他们有各自的职业，有不同的性格、气质，以及不同的思维方式和行为模式等。

现实中的父母，会有这样那样的缺点和不足。大部分的父母在养育孩子之前，都没学习过怎样做父母。有很多父母甚至在完全没准备好养育孩子时，孩子就来了，这些父母在心理上可能就是一个没长大的孩子，更加没有经验，不知如何做好父母。即使这样，他们还是承担起了做父母的责任，在每个阶段用他们能够给孩子的最好的方式，陪伴了孩子的成长。

第二种是**理想层面的父母形象**，即孩子内心想象和期待的、完美的父母形象。孩子期待父母能如自己所愿，对自己有不言自明的理解和关爱。在孩子心中，父母可能是民主型的、温婉善良的，又可能是潇洒有派头的、最富有又最博学的。每个孩子内心都有一个完美父母的标准，

这个标准常是同学、朋友口中"好父母"的总和，也可能是书上某个理想人物，或者是现实生活中的偶像等。

但是这个标准，是孩子自己创造出来的，只活在孩子的想象中，与现实中的父母无关；也需要孩子自行承担想象落空的痛苦——在成长过程中，孩子始终需要与现实中的父母互动。一味强化自己期望的理想父母，只会让自己感受到无力改变的痛苦。

第三种是**父母的本质形象**，即父母是管道，生命通过他们的孕育和允许来到这个世界。所以父母的本质特点，就是把生命带到世界。

每个生命都是一颗独一无二的钻石，在世界上呈现独一无二的光芒。外包装不能代表钻石本身。把钻石带到世界，是父母的本质特点，钻石的外包装是现实的父母，而理想父母与现实父母、本质父母完全无关，是孩子自己想象出来的。跟包装相比，钻石是最珍贵的、唯一的、无可替代的。因此，本质父母无论在现实中表现如何，都值得被永远尊重、感恩和接受。

现实生活中，有的孩子因为被自己幻想出的理想父母遮蔽了心，不肯接受现实父母带给自己的外包装——不理想的养育环境，念念不忘父母曾经带给自己的各种痛苦和烦恼，活在对父母的抗拒和否定里。因此不接受自己，放弃了自己。

父母的三种形象对每个人的影响都非常大，主要表现在以下三个方面。

第一个方面：孩子们常受限于现实父母和理想父母，忽略了本质父母。要么对现实父母产生抱怨、纠结、愤怒、委屈、对抗等心理，要么对理想父母产生渴望、期待，反而更加不能接受现实父母，进而不接受自己、怀疑自己、否定自己，与自己、父母、世界对抗，活在否定和对抗的痛苦中。

第二个方面：每个孩子小时候不接受现实的父母，当自己成为父母后，希望超越自己的现实父母，成为自己心中的理想父母，却无力达成。因此自己不接受现实中的自己，活在内疚、遗憾、后悔、自责里，否定了自己作为本质父母的资格；认为自己在心理上亏欠孩子，站在比孩子低的位置上，不能给予孩子自信和有力量的爱。这会对孩子产生双重的心理伤害——孩子在心理上缺少归属感和认同感，如无根之树、无源之水，会活在无力和迷茫里，又会陷入新一轮对父母和自己的否定中。

第三个方面：要成为最有资格做父母的人，必须完成心理上的成长，必须面对生命的课题。

1.要学习尊重和接受自己现实中的父母。父母都是现实生活中的普通人，是不完美的。作为孕育生命的管道，父母值得被尊重、被接受，这是每个子女无可辩驳的。

2.要主动放下自己对理想父母的期待，收回自己的幻想。自己想象出来的理想父母，与现实中的父母毫无关系。接受父母本人及他们所有不完美的行为，才能真正地接受自己。

3.要活在感恩里。感恩父母赋予自己生命，因此自己拥有活下来的所有机会和资格。这种感恩不是停留在头脑中、概念里，而是通过行为实践向父母表达出来。

当你完成对父母的三种形象的解析和领悟时，恭喜你，完成了一次重要的蜕变和提升！

互动分享：

你曾经的理想父母的标准是怎样的？你期望自己做怎样的理想父母？写下答案对照一下，你发现了什么？

（二）实用测试：了解孩子的三种形象

请先调整你的状态。

做几个深呼吸，让自己的身体放松下来。当足够放松时，请你想象你的孩子在你对面的情景：他穿什么颜色的衣服？脸上是怎样的表情？他的视线和你的相比，谁高谁低？他是几岁时的模样？比实际年龄大还是小？慢慢地看清，也许是一张照片，也许是一个画面，也许是某个情景。等你确定看清楚了，就从这个想象中慢慢回到现实中来，开始下面的学习和分享。

上面是一个简单的心理测试，用于了解孩子在你心目中的不同形象。

孩子的第一种形象是"小孩儿"，即父母心里孩子的年龄比实际年龄小。这说明父母没有接受孩子的长大，让孩子停留在某个年龄阶段。那个年龄阶段一定发生过某事，你有情绪尚未释怀。因此你内心无法与那个年龄段的孩子分离，你对孩子心怀内疚和亏欠，忽略孩子已长大的事实。你没办法提供适合孩子在现在年龄段需要的帮助和支持，这对孩子的隐形伤害非常大。

有位父亲的女儿已二十八岁，是一位高中英语老师，没办法谈恋爱和结婚。这位女性向我求助时，讲到一个细节，她父亲常对她讲："在我心中，你永远都是我抱在怀里的小宝宝。"我问她："在你还是小宝宝时，发生了什么事情，让你父亲一直把你当作小宝宝？"

她说："在我五个月大时，父亲出差一年多，他觉得很内疚、很遗憾，一直想弥补没有陪我的那段经历。在那以后，父亲给我非常多的爱，很精细地照顾我，像对待一个婴儿一样。但我觉得很烦。"

我说："假如你父亲继续停留在这种状态，永远都看不清你已长大的事实，他永远都不会允许你出嫁。"

她说："是的，无论我找哪个对象，父亲都是各种不满意，最后我只好和对象分手。"

上面的事例很典型地反映出子女在父母眼中的"小孩儿"形象。父母没办法给孩子与孩子年龄匹配的引导和支持，把孩子控制在襁褓里，不给孩子足够的成长空间。这种现象在"不婚"的宅男宅女、休学在家的孩子身上较为常见。

还有一个近年的热词"妈宝男"，是"妈妈的宝贝男孩"的简称。孩子无论年龄多大，在妈妈面前永远都是没长大的小孩。妈妈用对小宝宝的方式对待长大了的孩子，孩子习惯了对妈妈的依赖。"妈宝男"是父母心中不允许长大的成人，也是由于父母潜意识中停留在某个创伤的结点。

孩子的第二种形象是"被长大的孩子"，即父母心里的孩子的年龄比实际年龄大。很多父母希望孩子快点长大，替自己分担生活责任，比如常说："你早点长大，将来就可以照顾我、养我了。"还有父母以被孩子照顾为傲，大人之间的秘密都要告诉孩子。父母对自己的孩子有了过强的"托付心态"，像揠苗助长一样，把孩子强行放在一个不属于孩子的位置上，让孩子没有顺其自然地获得足够的成长营养，容易使其伴侣化、成人化。

所谓的伴侣化，就是父母希望孩子能够像伴侣一样照顾自己、保护自己，希望孩子像个大人一样提前进入社会。很多孩子会得到父母的这份暗示，也会快速把自己放在那个位置上。但是请注意，孩子的心理成熟度和他的年龄还不匹配，早早背上这样的负担和压力，会让孩子失去很多。比方说，他会像一个成年人一样老实、勤奋、肯干，却缺少属于青少年的活力和创造力；他会比较有责任感，少年老成，有"穷人的孩子早当家"的艰辛和隐忍……但孩子的人生中缺少自由、快乐、喜悦的能量，这在未来的成长中，会成为他向上生长的阻碍。

假如你心里看到的孩子，跟孩子的实际年龄比较接近。那么恭喜你，你能真的把孩子当孩子，这样的家长更容易成为孩子的导师型父母。

孩子的第三种形象是"别人家的孩子"。有很多父母认为别人家的孩子总比自家孩子优秀。这个"别人家的孩子"，往往是父母心目中的理想孩子。

这是因为父母内心有着年轻时未完成的期待。比如有的父母希望孩子替自己学钢琴、学芭蕾、学围棋等才艺，都是在弥补自己幼时的遗憾。

另一个原因是父母在小时候的成长中，有没愈合的创伤；或因父母的失误给子女留下了创伤。有个妈妈说："孩子一岁半的时候，我去创业。我开车去上海、北京，孩子在车上哭闹也顾不上。现在回头想想，我觉得很对不起孩子，觉得孩子那时候太可怜了。我非常内疚，非常自责，一直想弥补孩子。"这个弥补的想法一出来，很多父母就开始关注自己孩子的诸种不完美，想把理想的、完美的形象强加给自己的孩子。

父母应当怎样正确认识孩子呢？恰当的做法是什么呢？

想象你心目中的那个理想孩子的画面，允许自己真实地呈现出来，越清晰越好。假如理想的孩子跟你现实生活中的孩子完全一致，恭喜你。假如脑海中理想孩子的照片，跟你现实生活中的孩子有非常大的差距，那么你需要做一件事：跟那张理想孩子的照片告别。对他说："你的存在对我来说有一种特殊的意义。我通过你的存在，看到我内心还有一些要解决的问题，这些问题跟我现在的孩子无关。容许我抽个恰当的时间，寻找恰当的人帮我解决这部分问题。"当你说完这些话之后，就像移走一张照片一样，把它移到自己身体左边。现在，你的脑海里是否可以出现现实生活中你的孩子的照片呢？假如可以，恭喜你开始在心里看到自己孩子真实的一面了。假如你能真正看到孩子，感觉到他的到来，那么你已经真的开始成为导师型父母了。

互动分享：

1. 你在陪伴孩子的过程中发现自己和孩子有哪些相似之处？

2. 孩子的到来，给你送来了怎样的礼物？

（三）亲子之约，梳理亲子互动的角色

最近有一位朋友对我说："我非常自责和内疚，现在才学习导师型父母的课程。我的孩子已经14岁了，他有很多问题。我觉得我这个妈妈做得不好。"还有一位先生说："我是个不孝的儿子，没办法给父母更好的生活，我觉得很对不起他们。"

著名作家、诗人纪伯伦有首脍炙人口的诗《论孩子》，其中有如下片段：

"你的儿女，其实不是你的儿女。

他们是生命对于自身渴望而诞生的孩子。

他们借助你来到这世界，却非因你而来。

他们在你身旁，却并不属于你。

你可以给予他们的是你的爱，

却不是你的想法，

因为他们有自己的思想。

你可以庇护的是他们的身体，

却不是他们的灵魂，

因为他们的灵魂属于明天，

属于你做梦也无法到达的明天。

你可以拼尽全力，变得像他们一样，

却不要让他们变得和你一样。

因为生命不会后退，也不在过去停留。"

纪伯伦诗中说的"你的儿女，其实不是你的儿女"让很多人很费解：这是我生下来的孩子，怎么能说不是我的孩子呢？

有另外一位智者，他也写过一段文字，我一直感受到他那份力量。那段文字是："我不是偶然来到这个世界的，我是主动想来的，我是为了继续前生伟大、美好、无私的梦想而来的。"这两段内容实际互相补充，提醒我们——父母与孩子之间，不是由父母决定孩子的未来，也不是由孩子决定父母的未来，而是父母与孩子相互成就，父母陪孩子成长，让孩子走向未来生活。这份特殊的关系，成就父母和孩子共赴一场心灵之约。

所以，亲子关系实际是相互的。亲和子既相互独立又相互成就，缺一不可。在每个亲子之约里，父母是先来的，先有夫妻，再有孩子。夫妻的责任之一就是生下孩子，给予他来到这个世界的机会；其次，夫妻还有养育孩子的责任。父母无论如何都没办法给孩子完美的教育，因为孩子就是要通过不完美来历练。在亲子之约中，孩子是有主观能动性的，在这份关系里，所有孩子都有自己的责任。这个责任就是接受父母赋予自己的生命，活出自己独特的生命状态，经历生命成长的过程。

很多父母认为，他们可以主宰自己的孩子，把自己的期待、喜好、所有一切强加给孩子。假如他们没有给孩子自以为完美的一切，就会觉得耽误了孩子，会对孩子有内疚感、会自责。所以许多父母说："孩子身体不好都怪我，是我没有照顾好他。"每当有父母向我倾诉他的自责时，我都会提醒他："你没有那么大的权利，也没有那么大的能耐决定一个孩子的生活状态。"

同理，孩子为父母改变人生和命运的想法同样片面。许多人会认为："我的爸爸妈妈太可怜了，我很心疼他们。我给他们带来了麻烦，造成了困扰，拖累了他们。"

这样的心思，跟父母以为自己可以主宰孩子命运的想法一样"傲慢"。"我觉得爸爸妈妈养育我很辛苦，所以想报答他们，要让他们过上好生活。于是，我让父母住到城里来，给他们请个保姆，让他们什么都不要做，享受就好。"这一切"我以为"，真的可以报答父母的养育之恩吗？父母未必开心，他们也许不喜欢待在城里，喜欢回老家，喜欢每天做点事情，甚至就喜欢在田里种菜劳作，过他们自己喜欢的生活。我有位朋友的妈妈七十多岁了，每天去集市上卖衣服，自己上货，儿女百般阻止，也无法限制她的行动。

父母和孩子只有站在更高的角度和位置上看待亲子关系，才能彼此放下傲慢，回到各自恰当的位置上。以为自己可以决定一切，以为可以改造别人的命运，以为可以忽略对方的需要，这些"以为"隐藏的傲慢，会让很多父母对孩子产生内疚感和自责，可能会忽略和剥夺孩子本身对生命的责任。同理，孩子对父母的心疼，又忽略了父母本身的责任。

接下来，请从不同的角度思考：

1.作为父母，你是否对孩子有内疚和自责的心理？你是否以为自己给孩子最美好的一切，不让他有任何创伤、经历任何的挫折，这样才算最完美的父母？

2.作为孩子，自己对父母有没有过内疚心理，是否想做些事情报答他们，却忽略了他们真实的需要呢？假如没有你，他们会比现在更开心幸福吗？

接下来请想象这样的场景：在辽阔的天地之间，你看到一个男人，同时也看到一个女人，你看到他们两个在一起。然后，你看到在他们之间有了一个新生命，这个新生命的到来好像是偶然，但又好像是必然。你看到这个孩子跟这个男人和女人之间有各种各样的互动。他从牙牙学语到学会走路、上小学、上中学，直到有一天他回头跟父母说再见，然后非常坚定地向远方走去，走得非常有力、非常坚决。

父母看着他的背影，也许会有复杂的心情，但都无法干涉这个过程：孩子向前走着，汇入一条生命的河流，流向远方，在孩子未来的方向有一代一代的后代，流向同样非常远的前方。通过这个过程，三个人融入一条更大的生命河流里。感恩父母把我们送到这个世界，然后对我们的孩子和后代深深地祝福，祝福他们用他们的方式活出未来。

互动分享：

1. 你看到了自己内心的傲慢吗？是如何表现的？

2. 从现在开始，你有了怎样的决心和打算？

（四）实用技巧：接受你的父母

在以往的课程中，很多父母的分享让我非常感慨。

有位父亲说："第一次从心理学的角度看待亲子关系，回顾自己跟父母的关系。原来自己跟父母的关系状态，会直接影响自己跟孩子的关系。"另外一位父亲说："过去我以为教育孩子就是我跟孩子的事，现在才发现我跟父亲的关系，会影响甚至决定我跟孩子的关系。这让我想想都很害怕，可能一不小心，就会重复自己家族中父亲与孩子的关系。好在我今天知道了如何中断原来的痛苦循环，可以从我开始创造一个全新的亲子关系循环。"

过去的许多学习，只停留在文字对头脑的刺激上，把许多知识装进了头脑。但对于什么是有效的或无效的，怎样做是合适的或不合适的，很多父母却不清楚。假如这些知识只停留在头脑层面，会引起更大的困惑和纠结。

有效的学习必须完成三个层面的整合。所谓的三个层面，是指头脑的认知、情绪的体验、身体的变化和移动。生命中所有的经验，不只停留在头脑记忆中，同时会储存在身体的每个细胞里。有效的学习一定是"头脑""心"（情绪）及"身"三个层面达成一致，才会真正做到知行合一，完成从"知道"到"做到"的转变。

知道做不到，是很多孩子的通病、很多父母的困扰。帮助孩子知行合一的前提是父母能够真正做到知行合一。

下面我们开始进行"接受父母"的练习。请找个比较安静、不受打扰的环境和空间，关掉电话，确保没有人来敲门，没人突然打断你，保证有一个小时的时间和独立安静的空间，就可以开始这个练习了。

想象对面是你的父母，你站在他们面前，看着他们的眼睛，一定要做到有目光交流。因为眼睛是心灵的窗户，只有看到眼睛才能有心灵层面的沟通。你可以从三个层面完成体验：一是站在他们对面，跟他们等高；二是你在他们对面蹲下来；三是你在他们对面跪下来或者坐下来。真正从孩子的角度，由低向高看向对面的父母，体会自己内心的感受和情绪的变化。

假如你内心有各种各样复杂的情绪，包括愤怒、悲伤、恐惧、忧愁、焦虑、压抑、失望、委屈、痛苦、遗憾、内疚、担心等，所有你可能说得出来、让你感觉沉闷甚至比较压抑的情绪，都可以直接表达给面前的父母。这是你开始释放情绪，从抗拒转化为接受的过程。

在这个过程中，可能会有些小时候的记忆浮现在你的脑海中，可能会让你产生紧张的情绪，请允许它们自然地表现出来。直到你感受到内心的平静，感受到对父母的感恩，你可以对他们说一些接受他们的话："你是我唯一的爸爸（妈妈），你给了我力量和爱，也给了我活下来所有需要的资源和礼物。我接受你们给予我的一切，同时也接受一切需要付出的代价。我会用好你们给予我的这一切，好好地照顾我自己的生活，照顾自己的家人、我的孩子和我的未来。我会做很多好事，让你们以我为荣。爸爸妈妈，请祝福我；爸爸妈妈，我爱你们！"

当你完成这些表达之后，感受情绪上的平静、身体上的放松，你可以在爸爸妈妈面前，用身体表达你对他们的感恩和致谢。你可以向他们深深地鞠躬，也可以跪下来给他们叩头，在他们面前完全放下自己，回归孩子的身份。

当完成这些过程，身体开始慢慢有力量后，你可以站起来，跟他们拥抱。直到你觉得已经得到足够的力量和支持，才让自己转过身，背对父母，看着前方属于你的未来，让自己向未来一步步走过去。

整个过程一定要跟随身心，放下头脑的控制，也放下自己认为"应该怎样"的想法。这里描述的只是基本流程，每个人在练习过程中的反应可能完全不同，情绪表达、身体的变化也会因人而异。

这个练习可以帮助每个人完成从小孩向成人的转变，也是真正有资格做父母的开始；更可以帮我们跟过去告别，从跟父母的黏连中分离和独立出来。这个练习也是一个重要的"成人礼"，是一个孩子成为独立的生命，心理上与父母真正"断乳"，走向成人的仪式。这个练习非常重要，需要反复多次去做。

一生中需要不断重复做，每天都可以做的练习，就是接受父母。

有人说，我父母已不在世，怎么做这个练习呢？你仍可以按以上步骤去做。因为这个练习更多的是让你从内心接受父母。也有人会急着跟现实中的父母去做练习，这有点冒险，因为你不知道现实父母对你这样的举动会有怎样的反应。若你心中对他们的反应有期待，还不能接受他们出乎你意料的反应，那你最好还是自己在想象中完成这个练习。直到有一天，你可以直面现实中的父母，无论他们作何反应，都影响不了你，那说明你已经真正完成了这个练习。

互动分享：

给自己机会，完成接受父母的练习，分享练习过程前后的感受。

四、认识孩子生命的重要阶段

（一）孕育期，孩子生命的第一阶段

当了解了父母的三种形象及孩子在父母心中的三种形象，明白了亲子关系是父母与孩子共同约定而成，有些父母就会说："既然孩子的人生由孩子自己决定，那我就不需要遗憾、内疚了。"

这是种不负责任的态度。在父母与孩子的关系里，父母毕竟是成人，尽己所能为孩子提供最有效的帮助，是父母义不容辞的责任。在生活中让孩子吃饱穿暖，在心理上给孩子有效的支持，是父母的责任。

父母想给孩子更有效的引导和帮助，首先需要了解孩子。了解孩子在不同的年龄阶段分别有哪些心理需要和成长需要，了解父母如何做才能给孩子最有效的帮助。

很多父母因为孩子的问题非常焦虑，向我咨询时会诉说孩子身上存在的一大堆问题。我会静下心从孩子的角度考虑这些问题，也会反问这些父母："你知道孩子这些行为背后的动机吗？"很多父母会摇头，甚至更加无奈地说："我不知道，我无法靠近他。"

我们在开车前都要先了解车的性能，学习基本的驾驶技能，才能开车上路，不至于出危险；在使用新电器前，要先看说明书，才能正确使用它。可很多父母在养育孩子前，根本不了解孩子，凭本能、凭感觉安排孩子的成长。直到孩子出现一些问题，开始让父母担忧了，才坐下来

想办法，试图解决孩子的问题；直到解决不了这些问题，才被迫到处求助、咨询。

在此之前，父母已错过了解孩子、帮助孩子成长的很多机会。到了孩子的逆反时期，和自己已无话可谈时，父母则需要付出惨重的代价，因为重建亲子关系需要付出更多的耐心、时间和精力。

一位有教育情怀的媒体人，不断地跟我说："吴老师，为什么家长总在孩子出毛病之后，才来做咨询？可不可以让家长早一点，在孩子出生前就了解养育孩子的相关知识，了解孩子成长的每个阶段，提前掌握孩子成长的阶段性规律，提前避开所谓的弯路和障碍？"

他不断跟我讨论，如何提前让家长打开孩子的"说明书"，研究这个"说明书"。他的心情我能够理解，家长应该这样做、有必要这样做。可现实是，大部分父母都觉得养孩子是件小事儿，是生来就会的事。他们没有主动提前学习和了解养育孩子的相关知识的意识。哪怕把相关课程或书本送到他们面前，他们都会觉得自己不需要。直到孩子上学以后，出现许多问题，才发现教育孩子不是小事。我常问那些参加亲子课程的父母："假如你的孩子让你不觉得痛苦，你会来这里上课吗？"几乎所有人都尴尬地苦笑、摇头。

了解孩子，需要了解孩子生命成长的主要阶段。从孩子出生前到21岁，是心理学概念的儿童期，与平时所说的7岁前的童年期不是一个概念。

注：本书所指的儿童成长的重要阶段，是把孩子出生前的阶段细化为受孕前、受孕和怀孕期三个阶段，扩展了孩子的生命历程。因为有形生命进入母体前，母体的状态已经开始影响孩子的生命状态。

每个孩子就像一颗种子，落到妈妈子宫里的时候，同时具备了三个层面的存在。第一层，物质、身体层面。随着细胞的分裂，受精卵不断长大，孩子有了身体部分。第二层，情绪层面。身体部分跟外界互动、连接，产生情绪。第三层，孩子的脑部在逐渐发育的过程中，在身体成长过程中，储存了很多记忆、认知的部分。一个孩子同时具备身体、情绪、认知三个层面，是"三位一体"整合形成的独特的生命体。

孩子如此，母亲也同样具备这三个层面。母亲的身体状况、情绪状况以及对生命的认知，也会影响到孩子。孩子在母体内时，跟母亲是完全共存、共依的。

从20世纪70年代起，人们开始重视胎教。女性怀孕后，要保持愉快、平和的心情，对孩子有份期盼和喜悦。总之，怀孕的女性一切都处在良性、积极的状态中，养育出来的孩子身体就比较健康，这是人们对胎教的一些看法。

我将孩子生命的起点拓展到父母受孕前，是因为父亲、母亲健康的身体是胎儿形成最基本的物质基础。假如父母经常熬夜，身体机能比较弱，物质基础显然打折扣，对受孕和精子着床都有影响。从道家养生的角度讲，培育一个健康、有活力的孩子，父母应该在准备怀孕前的半年左右开始修身养性，让自己处在积极愉快的正向状态中。

因此可知，在受孕前半年，父母的生活规律、情绪状态及对孩子的期待程度，都已经开始影响孩子了。

互动分享：

1. 你听到的自己出生前的故事是怎样的？

2.回想在自己的孩子出生前，你对孩子有着怎样的期待？

（二）萌芽期，孩子生命的第二阶段

在我以往的个人成长课程里，每当讲到生命阶段时，学员都会回顾自己的生命故事。我们发现——父母的一言一行都会影响孩子的成长历程。

怀孕前父母的身体、情绪和认知状态，影响了自己，也影响了孩子；受孕过程中，父母是非常愉快地享受性生活吗？是持有孩子会到来的心态享受性生活吗？还是担心有孩子，千万要采取措施呢？

如果孩子得到的是有选择、有评判的迎接，"千万要来""千万不要来""最好是女孩""最好是男孩"等这样有条件的迎接，那么这颗种子落入的土壤空间已是有局限的了，种子生长的第一营养空间就已经不一样了。

这是孩子生命的第二个阶段——受孕阶段。在这个阶段中，父母的状态会对孩子的生存产生影响。孩子来到妈妈肚子里，妈妈的状态直接影响着孩子。妈妈身体健康，非常期待孩子的到来，觉得自己有资格做妈妈；在妈妈怀孕的整个过程中，爸爸在旁边全力呵护、陪伴，家里老人也是满怀期盼的。在这样的氛围里，妈妈肚子中的孩子就是被欢迎的状态，收获了更多的安全感、价值感，充满自信。

相反，不被欢迎到来的孩子，在妈妈肚子里会很紧张、恐惧。因为怀孕时妈妈的状态，以及周围环境对孩子的影响，会通过妈妈传递给孩子。

以上是孩子出生前的两个阶段，接下来介绍孩子出生时的状态对孩子成长发育的影响。

美国科学家研究过大量案例发现，孩子出生的状态会成为未来生活的基本模式之一。如顺产的孩子，在日后人生的重大阶段时，会比较顺利地度过，不会有大的起伏波折；难产的孩子，在人生的重大转折阶段总会遇到困难，好像难产一样；迟迟不肯来的那些孩子，在人生中面临重大选择时比较迟疑、拖延，像他迟迟不肯出生的模式一样；剖腹产的孩子往往会表现为在重大事情时需要别人帮忙，似乎不太相信自己（这是科学家研究的出生状态对孩子成长重要影响的大概率数据，不代表每个孩子的具体情况）。

再来看孩子出生后六个小时内的情况对孩子的影响。一个胎儿从妈妈体内到分娩而出，突然来到一个冰冷的世界，跟妈妈分离，周遭的一切都是陌生的。这个过程中孩子接收到的信息，对他后面的成长会有很大的影响。

我曾经做过一个个案，案主是一位摔跤运动员。他在平时的比赛中成绩都很好，但每到重大比赛时，总是拿不到好成绩。我在对他的催眠中发现，他在出生后听到医生对妈妈说："第一胎总是比较麻烦的。"因为妈妈生他是第一胎，"比较麻烦"这句话好像种进了他心里，变成了他的自我暗示，每到重大的比赛，就干扰他获得好成绩。我通过催眠改变了医生的话带给他的自我暗示，他在比赛中就获得了好成绩。不要以为刚出生的孩子什么都不知道，这时的孩子就像一个大探测器，能扫描到周围所有人对他的看法，会在他内心种下无意识的种子。

出生后的孩子是否被欢迎，大家对他说了些什么，对他的评价如何，这些都让孩子无意识中得到暗示。这些信息往往在出生后得到，进入潜意识，孩子在未来的成长中会无意识地受到其影响。

孩子出生前的状态对孩子成长发育的影响，虽在心理学概念上很少被探查，但是与孩子生命的内在状态息息相关。接下来我分享的是孩子出生后的五大阶段对孩子成长的影响。

第一个阶段：0~1岁。这一阶段孩子生命的主题是学会信任。在1岁之内，孩子是否信任这个世界？是否信任父母？是否得到足够的欢迎和允许？

1岁内的孩子有两个需要：第一是饿了要吃饱，第二是被拥抱。拥抱和及时、足够的食物，能让孩子感觉到他是重要的，父母是需要他的。孩子的需要得到了满足，就会很有安全感，长大后就会变得开朗、容易信任别人。假如没有得到足够的拥抱和食物，孩子就会觉得所在的世界不安全，就会害怕被遗弃，拼命地寻找依赖，以证明自己足够有资格活下去。同时需要别人照顾他，在外界抓取所有可以让他觉得信任的人，证明自己存在的价值。

在这个阶段假如孩子的需求没有得到充分满足，成人后会表现出不好的行为，比如要维持一些毁灭性的情感关系，产生非常偏执的行为等。

第二个阶段：2~3岁。这一阶段的主题是自主和羞愧。2~3岁的孩子开始学习自己大小便。家长如果能支持和尊重他，让他用自己的方式、自己的节奏去大小便，他就会感觉有自主的能力，觉得自己是有影响力的。假如家长不断"嘘"他，不断提醒他大小便很臭等，他就会觉得被嘲笑，会产生羞愧感。

所以，家长一定要小心，不要开孩子的玩笑。比如玩他的生殖器、说他的大小便臭、说他丢人等，这些都会在他心里种下羞愧的种子。假如满足了孩子自主大小便的愿望，他就会觉得有信心。这一阶段的孩子要是没有充分完成成长，成年之后就不知道自己真正需要什么，也不能拒绝别人的需要。

第三个阶段：4~5岁。这个阶段的主题是主动性和内疚。这一阶段孩子的特点是喜欢幻想、喜欢创造，喜欢按照自己的主意行事。这时候孩子开始有主动性、有活力，比较难管教。

这个阶段孩子如果得到家长的支持，就会非常有想法，会主动表达，会有强烈的好奇心，比较爱问"为什么"。在这个阶段，有的家长会觉得孩子烦，不断限制他，常说"不许这个""不许那个"。假如孩子经常接受处罚，他就会觉得内疚，会有犯罪感，就会停止主动探索。同时，他又容易偷偷去做，这时候往往会出现撒谎的行为。这时他会怕犯错，感到无助和内疚，或者只会安慰别人，忽略自己，回避风险，隐瞒错误。成年之后，他就不能真正表达自己内心的需要和感受，害怕说出心里真实的话，对感情关系会过分负责任，容易讨好别人。

第四个阶段：6~11岁。这个阶段的主题是勤勉和自卑。这时候孩子开始进入学校学习，在竞争中去和他人比较。无论国内国外，孩子都会进入这个阶段，并不是在中国的教育体制下孩子才会出现比较和竞争心理。家长如果鼓励孩子主动学习，夸奖他跟其他孩子有同样的能力，孩子就会有活力、充满自信。

如果经常严厉批评或忽略孩子，孩子会不自信，不自觉地产生自卑感，会表现为避免参加任何竞赛，避免跟别人比较，也会觉得自己没有安全感。这样的孩子在成人后凡事容易追求完美，经常拖延耽搁，不知道如何能达到自己的目标。

第五个阶段：12~21岁，青春期。在这个阶段孩子常产生对身份和角色的困惑。在青春期阶段，孩子需要接受生理上的所有变化，需要界定自己和异性的关系，同时要界定跟同性的关系，还需要慢慢明白自己的人生要怎么过。孩子几个重大的人生课题都在这一阶段完成，假如家长能够提供给孩子足够的空间进行探索，孩子就会不断地尝试新的方法，成为一个接受自己的人。

所谓接受自己的人，就是不会被外界影响，也不会那么在乎别人的看法，比较自主、坚定的人。这样的孩子有支配自己的能力，是我们所期望看到的主动性、自觉性比较强的孩子。假如家长没有为他提供支持，又不引导他探索，只是威逼、强迫他进到某个角色里，孩子就容易产生叛逆心理，或者变成一个轻浮的人。

互动分享：

1. 回顾你自己的人生，看看在哪个阶段有效地完成了生命课题？在哪个阶段受到了阻碍？

2. 回顾自己孩子的成长经历，你在哪些阶段理解他？在哪些阶段不理解他？你如何陪伴他成长？

（三）成长期，解读孩子的"问题"状态

孩子成长的每个阶段都很重要，每个阶段都有各自的课题需要完成。假如孩子每个阶段的需求都得到了满足，就会自然地进入下个阶段；假如孩子在某个阶段的需求没有得到充分满足，这会延续到孩子以后的发展中，成为未来生活中的困扰，甚至成为成人之后的某些重复性的课题。

家长因此要做到：第一，了解孩子在不同阶段的需求及其特点和待完成的基本课题；第二，在了解的基础上理解自己的孩子。

我接待过很多有抑郁倾向的女性，她们在成长的某些阶段，需求没得到充分的满足。面对处在相同阶段的孩子时，她们的旧疾被激发，同时又得不到治愈，双重压力导致她们的抑郁加重。抑郁症被称为都市女

性的时髦病，尤其在高知女性中流行，产后抑郁的比例越来越高。为什么呢？

我探究这些案例后发现，很多年轻女性在成长中有很多没觉察的、未了却的情结。女性在生完孩子、抚育孩子时，在面对一个活生生的、每天都在变化的生命时，猝不及防地就被过去忽略的积累而来的情绪淹没，进而出现崩溃的情况。

许多父母在养育孩子前，对自我状态没有梳理、探索。当冲突和问题蜂拥而至，就会造成巨大的伤害。

有的父母在了解这些后，会感到紧张和害怕："过去什么都不知道，觉得对孩子尽职尽责。现在一看，觉得每个阶段自己做的都有问题，怎么办？"这是非常正常的第一反应。所有的学习都是为了让父母对生命有更多了解，对自己有更多了解，然后通过积极主动地面对和释放积压的情绪，去清理储存在自己身上的卡住的能量，让自己的"河道"变通畅，一切才会自然流动。假如不清理，那会更加危险。

很多父母了解了问题所在，恍然大悟："我现在才明白，我的某个问题并不是现在产生的，而是在小时候就留下的，现在我要主动学习，面对和处理这些问题。"

在此基础上，探究孩子诸种问题背后的真正原因，就很容易进行了。

孩子在成长中总有一些让父母头大的事情。有些是小事，可以忘记；有些是大事，无法忘怀。总结一下，无外乎四种维度上的问题。

第一部分：行为问题。

如上学前的吃饭问题、睡觉问题、啃手指问题、哭闹问题等；上学之后就是作业问题、成绩问题；再大一些，涉及休学、退学、偷窃、自杀等越来越严重的问题。行为问题，涉及人身安全、身体健康，在不同年龄阶段表现不一样，是父母无法忽略、必须予以重视的问题。

第二部分：学习问题。

第一类"不会学"是能力问题，除了个别智商有问题的孩子，大部分"不会学"只是假象。当一个孩子能够很容易学会玩游戏、玩手机，生活能力正常时，他不是不会学习，只是没有自觉学习的习惯，不是学习能力的问题。

第二类是"我会学但不想学"。孩子不知道学习的意义，并且感觉到学习很枯燥。很多孩子非常认真地问父母："你能告诉我为什么要学习吗？"当孩子们这样提问时，实际是告诉父母，他只是学习动力不足。

第三类是"不爱学"。孩子也知道学习很重要，但是不爱学。不爱学某些科目，可能语文学得很好，英语学得也好，但数理化不行。这涉及孩子的学习兴趣、孩子的学习优势，以及孩子在学习过程中积累的情绪感觉。

无论是多么复杂的学习问题，都可以在能力、动机和兴趣层面做归类，找到原因，有针对性地面对和处理学习问题。

第三部分：情绪问题。

情绪问题涉及两个层面：一种是外向型的情绪，一种是内向型的情绪。相比较来说，外向型情绪更有"杀伤力"，更易产生干扰和伤害。外向型情绪表现如暴躁、冲动、易怒，总是要跟别人发生冲突，发生矛盾。外向型情绪外显，易被发现，易被重视。

而内向型情绪，如比较低沉、压抑、消沉、抑郁等情绪，看似没有情绪的表达，似乎乖巧而听话，却易造成恶性事件。在有自杀行为的孩子中，内向型情绪的比例远高于外向型情绪的比例。

当孩子内心储存了太多压抑的情绪，一旦被激怒，可能酿成比较大的事故和危害。父母非常需要了解和观察孩子的日常情绪状态。同时提醒父母们：你的孩子越乖，越需要得到你的关注。

第四部分：关系问题。所谓关系问题，就是在与他人的相处中，因无法把握自己的尺度和分寸而产生的问题。对立、叛逆、冲突等，是跟别人的对抗，这是一种状态。讨好、退缩、乖巧等，是另外一种状态。

孩子产生上述问题的原因可能是什么？下面我从五个层面概括地解读深层原因。

第一，在成长的某阶段遭受创伤。即在孩子成长的某阶段中有未成长完的部分，造成孩子缺乏安全感，易产生紧张、恐惧情绪。比如小时候与父母分离，会影响孩子的安全感，以及学习和情绪的稳定性；在行为上，会出现各种问题而影响到人际关系。

第二，父母之间的关系。这一点在后文关于婚姻的部分还会有详细讲解。孩子用"问题"提醒父母的关系出了问题、情感出了问题。比如表面上和谐的夫妻关系，隐藏着二人的矛盾，父母哪怕不当着孩子的面吵闹，孩子也完全感受得到父母关系的压抑。孩子潜意识中用"问题"吸引父母的注意，以此拯救父母和家庭。

第三，孩子在提醒父亲或母亲的生命状态需改善或改变。

第四，可能是家族中有其他成员的生命状态不好，孩子主动背负了某人的生命状态。如被忽略的家庭成员、被遗弃的孩子、被否定的家庭成员等。孩子因认同这些人而出现问题，也是非常普遍的情况。

第五，现实的学习压力、学校压力，老师的教育方法带来的适应性困扰。如被不公正对待，被老师误会了，被父母责骂，进而选择跳楼、自杀的孩子，现实压力在事件中只是一个导火索，是压死骆驼的最后一根稻草上，激发了过去隐藏的童年创伤。

互动分享：

1. 心理游戏。静下心来与孩子一起画一棵树，画完之后讨论，从这树中看到了什么？

2. 根据本节内容，回顾自己生命成长中出现的问题以及可能的原因。

（四）实用技巧：你的心事我知道

通过前面的学习，我带领大家开始思考和面对自己成长中的创伤，回顾自己的人生状态对孩子产生的影响。父母主动释放，完成一次次成长，让自己变得轻松、通畅，然后才有能力帮助自己的孩子。

任何关于孩子的问题，总可以在父母身上找到相应的困扰和解决方案。父母只有先面对了自己的生命课题，才能转过身帮助孩子。

本节分享比较轻松的成长技巧。虽然轻松，但挑战较大，需要通透的身心状态才能完成。"你的心事我知道"是很多父母与孩子相处的期盼。孩子越大越不对父母说知心话，父母要怎么懂孩子呢？

语言透露出的沟通信息只占7%，孩子不需要说话，他的一举一动、面部表情、身体语言已把所有信息透露出来。父母有能力在孩子的举动中读懂他，才能去帮助他。孩子即使不说话，父母也能读懂他的心事。这也是孩子对父母的渴望。孩子们不愿意跟父母交流，是因为父母不懂他。孩子过去曾表达过，但父母听不懂，孩子就懒得再表达了。"算了算了，懒得跟你讲，说了你也不懂。"孩子放弃跟父母交流是因为对父母的失望。只有父母懂孩子，做孩子的知心人和引导者，才真正有可能帮助孩子。

"你的心事我知道"这个技巧，有三个步骤。

第一部分：让自己放松下来，想象孩子坐在自己对面，观察孩子的动作、表情、姿势等细节，在心里看得越清楚越好。看到这些后，你不需要说话，自己坐在椅子上，完全模仿孩子的表情、动作和身体姿势。

在这个过程中，一边模仿那些动作、表情，一边感受孩子做这些动作时的内心感受，你看得越清楚，动作模仿得越真实，内心的感觉也就越充分。然后，将你感受到的说给孩子听。

第二部分：你可以跟孩子一起玩照镜子的游戏。这对孩子来说比较容易做到。假如孩子在8岁或者10岁以下，愿意跟你玩耍，你就和他玩照镜子的游戏，互相模仿动作。可由他先做动作，你模仿，然后告诉他你体会到的他做动作时的感觉。也可以由你先做动作，他模仿，然后让他说出他感受到的。这个互相模仿的游戏叫"猜猜我的心"。模仿得越像，猜得越准。

可以在游戏过程中添加积分这个道具。在墙上挂出一张表格，根据猜对的次数计分。大家用积分，还可以兑换东西。如10个积分代表跑步半小时或打球一小时等。父母要事先和孩子定好奖励机制。这个练习可以帮助训练彼此观察对方的能力，以及运用自己身体语言的能力。

这个练习很容易拉近彼此之间的关系，不需要说什么就能懂对方的心。

第三部分：让自己静下心来闭上眼睛，想一件情绪很激烈的事。比如想一件很愤怒的事、很恐惧的事或很开心的事。同时让对方闭上眼睛，用身体感觉，猜测你的情绪。我常引导学员在课堂上分小组做这个练习。只要每人放松下来、安静下来，真正地跟情绪连接，对方完全可以感受到你心里的情绪活动。

这些练习就是让父母看到自己的状态如何影响着孩子，也可以让父母自查是否容易感知孩子的情绪，是否容易理解、懂得孩子。

互动分享：

分享你做练习的过程和收获。

| 第二章 |

父母的自我成长和疗愈

一、关照"内心的孩子"

（一）内心世界的成长

"内心的孩子"象征在童年成长中因为被压抑、被忽略、被否定或受伤的经历，有很多没学习到的经验和没释放的情绪储存在头脑中、身体里而形成的认知偏差和情绪伤痛。成年后再遇到相似场景或情况时，要么重复当初自己被对待的方式，粗暴、简单、无所谓、忽略等，要么勾起当年的伤痛，以小孩子的求生模式，出现与现实完全不相符合的反应。

比如生活中一个常见的场景：一个五六岁的女孩儿在很开心地跳舞，突然爸爸大吼一声："不许跳！"她以为爸爸这样做的原因可能是"爸爸不喜欢我，因为我是女孩""爸爸不希望我快乐，我没有资格自由玩耍"或"我惹爸爸生气了，我是个倒霉的家伙"。这些非理性的看法，与她开心时被打断的场景，形成了反射的连结。在日后的成长中，她要么压抑自己的舞蹈兴趣，要么不断找线索证明自己这些想法是对的："我没有资格开心，一开心就被吼。"她不断发现每次开心都会被爸爸、妈妈或其他人笑话、吼骂，所以，她开始压抑自己开心的感觉，变得越来越消沉。这是生活中太常见的例子，我们自己和周围的很多人，都是这样长大的。

所谓创伤，分为两种情况，一种是因移动的状态被突然停止而造成的应激性创伤，还有一种是慢性创伤。如一个人小时候每次大声说话就被妈妈骂，每次大声说话就被妈妈笑，每次大声唱歌就被别人嘲笑。慢慢地，这个人就会害怕当众说话、当众唱歌。

这时候不能停留在创伤里，要带着勇气面对内心的孩子，关注他，去跟那个小孩儿对话，感受他当时的情绪，帮他看清当时的环境。在这个过程中接受内心所有的反应，慢慢放下伤痛，把伤痛转化成学习的经验。这样，身体内曾经被堵住的能量流动了，头脑中局限的认知也被扩展。当你再重新回到当年的场景、那件事，就可以平静而放松地面对。

（二）释放的技巧

在前面章节里，你了解了自己的困扰、亲子关系的重要性，也测试了自己的生命能量和层级；松动了自己的信念，重新审视了自己的信念系统，进行了破框练习；同时你也知道父母形象的三个层次、孩子形象的三个层次；你明白亲子之约是双方相互的，你开始接受自己的父母，了解了孩子生命成长主要的阶段，理解了关于孩子所谓的问题，真正明白了孩子的心事。此刻的你已跟以前完全不同。你开始把注意力放在自己身上，放在你和父母的关系上，体会自己在成长中被忽略的很多感受，认识到创伤给自己带来的能量。你开始有能力主动关注自己，这份勇气可嘉！

从本节开始，我们进入父母的自我成长和疗愈的部分，关注自己内心的孩子，了解情绪的处理和高情商的创建、培养过程。

释放你内心的孩子，从冥想开始。

找一个安静的地方坐下来，关掉你的手机，也关掉房间里可能发出声响的任何机器或其他东西。最好和家人或身边的人打个招呼，告诉他们接下来你需要十分钟让自己安静一下。然后你可以坐下来，也可以躺下来，让自己把注意力完全放在呼吸上。你不需要知道是应该先呼后吸，还是先吸后呼，只需要在每次向外呼气的时候，将你肩膀的两个点落下来。伴随着从肩膀开始的放松，你的双肩也放松下来，交叉在一起的双手也松开来，你的双腿也放松地落在地面。最后整个身体都放松了下来，让下一次的呼吸带给你更多的放松，再让这份放松快速地流进你身体的每一部分。

当你放松下来，就邀请自己的内心，帮你呈现有关你自己的画面。那是你小时候的画面，也许是一张照片，也许是一个镜头，也许是某种声音，甚至你可能看不到画面，听不到声音，但心里有份感觉，这份感觉把你带到小时候。每个人小时候的记忆是不一样的，所以此刻每个人的脑海里浮现出来的关于小时候的画面也是不一样的。这个画面也许是在自己十多岁的时候出现过的，或者是自己躺在襁褓里，还是一个小婴儿，甚至你可能看到自己还只是妈妈肚子里的一个小婴儿。无论你看到怎样的画面，都是正常的，都是可以的。

当你向你的内心发出邀请，你脑海里就已经出现了相应的画面、景象。无论你可以看到的画面是什么，你都应对那个小孩子说："是的，我看到你了。"试着去看清他的眼睛，试着去看清他脸上的表情，试着去看清他穿什么颜色的衣服，再试着去看清他正在哪个地方以及他周围的景象。你就像一个观察者一样，看着他、听着他、感觉着他。你只需要在心里不断地告诉他："我看到你，我听到你，我感受到你。"不断地重复这句话。假如可以看到他的眼睛，你就对着他的眼睛说；假如看不到他的眼睛，你就对那个画面说，发自内心地说出来。

在你想象的画面中，给他足够的耐心。无论他是哭闹，或是害怕得退缩，或根本不理睬你，无论怎样，你都带着理解和接受陪在他旁边，给他足够的陪伴。当你这样做的时候，你也可以用心观察这个孩子会发生怎样的变化？他开始用眼睛看你了，是吗？他开始试探着挪向你了，是吗？他开始愿意抓着你的手，慢慢靠向你的怀抱了，是吗？就像一个伟大的父亲，或一个充满慈爱的母亲一样，你打开你的双手，也打开你的胸怀，在他的对面等着他，告诉他："我在等你，我是长大以后的你。我懂你的需要、渴望、孤独、恐惧。我可以给你需要的部分，当你准备好的时候就过来吧，来到我的怀里，让我紧紧地拥抱你，让我把你放在我心里的一个重要的地方，让我从此跟你不再分离，让我给你全然的爱和接受，让你可以在我的心里慢慢地长大，在这个安全的、放松的空间里慢慢地长大，直到你全然地跟我在一起。"你向他发出这个邀请，再用足够的耐心等着那个孩子慢慢地靠近你，到你的怀里去，让他进入你心里那个最安全的地方。

然后，你就可以一直陪伴着他。无论是在睡前，还是在起床之后，你只需用短短的时间，去跟内心的孩子沟通、交流，告诉他，你们将要怎样度过美好的一天。有一天你会知道，他已经融化在你的身体里，已经完全成为你自己。你知道你内心的孩子已完全地信任你，完全长大了。

这个练习你可以经常做。在你需要的时候可以连续练习21天。也许每一次你都会有不同的发现，你会发现不同的小孩儿，看到不同状态的自己。如果每一次练习你都有收获和发现，恭喜你，你内心的孩子开始回家了。

互动分享：

你每次练习的感受和发现是什么？

（三）了解你的潜意识

在进行了上一节的冥想练习后，很多人都感受到这个过程的美妙，看到已经遗忘了的小时候的自己，发现原来那个部分一直都在自己心里。当自己真的带着勇气接纳了内心的孩子时，你会感到无比痛快、舒畅、踏实。

有人说："我一直苦恼，不知道怎么对待我的孩子，因为我内心有很多当年被忽略、被压抑、具有不同特点的'孩子'，一直没有得到安抚。当我学会安抚我'内心的孩子'后，再面对我的孩子时，我变得平静、温暖和有爱，自然知道如何对待孩子了。"父母完成自我成长和疗愈后，才会把爱带给自己的孩子。

也有人好奇："做冥想练习时，头脑中有很多控制不了的念头，是不是潜意识在起作用？到底什么是潜意识？"

关于潜意识及与潜意识沟通的话题，很多人都感觉神秘而好奇。每个人头脑中随时随地可以意识到的之外的部分，都是潜意识在支配和起作用。我现在在说话，同时我知道自己在说话，还能觉察到房间里发生的情况，这些都是在意识状态中的。身体里除了可以意识到的一小部分，更多的部分是我们自己没有意识到的，是被称为潜意识的部分。

有研究说，人体90%以上的部分都由潜意识主导，不管我们是否主动了解潜意识，它都一直在默默无闻地工作，从出生到现在直到未来。潜意识的作用如此之大，若不了解它，就无法主动运用如此强大的能力。

潜意识看不见，摸不着，怎么了解？怎样与它沟通呢？最简单的切入点和直接线索是情绪。

意识和潜意识之间，有一个非常重要的媒介，就是每个人的情绪感受。每当有明显的情绪反应时，就是潜意识发出的信号。你可以以此作为与潜意识沟通的切入点；也可以主动跟潜意识沟通，改变情绪或身体的状况。

潜意识的能量特别大，同时又不讲道理，是非理性的。它有以下几个特点。

第一个特点，它用画面的方式、形象的方式工作。上一节跟内心的孩子沟通时所看到的画面和形象，实际都是你的大脑与潜意识在沟通。

第二个特点，它不会区分"不"和"是"，也不区分"你""我""他"。你跟它说不怎么怎么样，它只会接受"不"后边的概念。比如你说不要想大熊猫，千万不要想大熊猫，潜意识只会带你想大熊猫。它不会区分"不"与"是"，只能理解"不"与"是"后面具体的文字、念头和想法，再按照念头和想法去发挥。潜意识也不会区分"你""我""他"。你与潜意识对话，跟别人说话，跟自己说话，潜意识都是同样的反应。

第三个特点，它不会区分想象的或真实的。只要给它一个引导、一个画面，它就把这些内容当作真实的。很多人说"心想事成"是心先想到，事才成；不是事成了心才想。可以利用潜意识，主动想象，改变生活，改变现实。

第四个特点，它不会区分过去、现在、未来，它是没有时间感的。当下你想到的它都可以创造出来，都可以有相应的感应和感觉。

总体来说，潜意识的工作方式，是有效的目标达成的模式。用三个英语单词表示就会更明白："Be""Do""Want"。意思是：我先承认我是什么，然后我按照这个身份去做相应配合的行为，就会成为我想的那个部分。

为了让大家更明白潜意识的工作方式，我给大家分享一个故事。Nick是一个催眠师，他有一段时间穷困潦倒。他一直在想，自己一年之后要挣够400万美金。他不是天天坐在那儿想，我要成为400万美金的拥有者，而是穿上自己最好的西服，来到小镇中央的花坛，想象自己已经是拥有400万的富翁，抬头挺胸，面带慈爱的笑容。他对所有人都表现得很有礼貌，非常绅士。他把自己想象成一个拥有400万的富翁，并将行为完全融入想象中。

他每天就在小镇的花坛四周到处转，跟所有人友善地打招呼、聊天，一举一动都模仿富翁。就这样过了几个月，他不断想象自己成为了富翁（Be），然后去做、表现出来（Do）。在一年期限的最后一天，他突然收到了一个巨大的礼物：若干年前有人欠他一笔钱，那人不仅将欠款的本金寄到他手上，还多给了他很多利息，完全超过了Nick400万美金的预期。就在那一天，"Be-Do-Want"这个模式充分展现了它的神奇。

当我们明白了与潜意识沟通的基本技巧，就可以实现生活中的许多期望。如想跟孩子有好的关系，那就先设想已经跟孩子关系良好的画面，然后体验这种画面带来的愉快的感觉。每当有这种感觉时，就会对自己、对孩子带着欢欣的情绪。回到生活中，看到孩子，你也许会主动告诉他："孩子，我很喜欢你。"

你最初在现实中不知不觉地模仿你想象的那个画面中的行为时，孩子也许会被你吓到，也许感觉很奇怪。可当你不断这样做时，会发现孩子已被你感染了，孩子会发生很多神奇的变化。这实际就是潜意识在帮助你改变生活和未来。

我们跟潜意识沟通就像跟一个小孩子在打交道一样，它不讲道理，它只要开心就好。如何做到开心地跟潜意识沟通呢？先让自己放松下来，整个身体都处于打开的状态。保持自己的脊椎是直立的，因为直立的脊椎可以让呼吸畅通，让我们非常通畅地完成所有的练习。

做完这些准备之后，就开始做深呼吸。在做深呼吸的过程中，你可以主动跟潜意识沟通。把自己的右手或左手放在自己身上，一个可以代表潜意识所在的地方。比如将手放在胸口，想象这个地方代表潜意识所在的地方。然后对潜意识说："谢谢你，谢谢你一直以来对我的照顾，虽然过去并不了解你，可现在我很好奇，假如跟你有沟通，我以后的生活会发生怎样的变化？"当你放松下来，对它发出邀请的时候，也许你内心就会出现某些画面，也许是出现某些声音。有的人也许看不到、听不到，但是身体某部分会有反应、有感觉。

推荐你阅读《唤醒半睡的自己》，找出关于与潜意识沟通的内容；阅读《潜意识的力量》，对潜意识多一些了解，会对自己有更多了解，对孩子有更多了解。

互动分享：

讲一讲你与你的潜意识沟通时的发现。

二、认识情绪，处理负面情绪

（一）情绪初认识："正"与"负"

我们从小到大，最忽略、最不懂的，是情绪。我们的父母没学习过如何处理情绪，老师也没有教过我们如何了解情绪。我们谈到情绪，如洪水猛兽，不敢自然表达，害怕被情绪控制以后出现"丢人""尴尬"的状态。因此，我们习惯了与情绪隔离，习惯了否定和忽略情绪，尤其害怕那些"负面"情绪，比如愤怒、恐惧、悲伤、委屈、失望等。我们害怕自己掉在充满负面情绪的状态里，希望自己只活在所谓的"正面"情绪里，比如快乐、喜悦、高兴等。

但奇怪的现象是，人们都渴望"正面"情绪，却离"正面"情绪越来越远。很多人呆若木鸡，面无表情，看不出喜怒哀乐，让人感觉冷若冰霜，拒人于千里之外。人们表面上的寒暄和客气，很难反映出其真实的情绪感受，人与人之间很难在心的层面上进行交流。

大部分人在成长过程中没有接受情绪认知和管理的相关培养和教育，很多人在成长过程中，就像不断地被包裹了情绪的胶囊，好像从心往外，有一层又一层看不见的、无形的、包裹的能量，让内心跟外界不产生反应和互动，没有由衷的喜悦、开怀大笑，更不会有刻骨铭心的悲哀、火山喷发般的愤怒，在众人面前永远是平静的绅士，喜怒不形于色，城府深不可测。

情绪不分正负，只是表现了一种身体和心理的能量状态，没有好坏之分。我在第一章中讲过，不同的生命能量可以从不同的情绪状态中感受到，不同的情绪状态代表了不同的生命能量层级。所谓"负面"情绪只是大家日常的看法和认知，是加了引号的相对的"正"和"负"。

从小到大，在忽略、压抑情绪的成长过程中，人们通常以逃避、压抑、爆发"三步曲"对待情绪。

逃避指"负面"情绪来了之后假装没看见，假装不受其影响；压抑指有"负面"情绪之后，克制自己，咬牙攥拳，把一口气咽下去，但并不是真的解决问题；爆发指逃避、压抑"负面"情绪之后，忍受不住"负面"情绪的刺激，爆发了"负面"情绪。在逃避、压抑、忍让之后的爆发，会伤害自己，伤及他人。

若想处理所谓的"负面"情绪，就要真正了解情绪，改变对情绪的认知。情绪到底是什么？

第一，情绪是内心的一种流动的能量。情绪流动时，大脑都会产生相应的变化，身体的每块肌肉、每根血管、每处内脏都配合它发生变化，带来身体器官、细胞、血液的变化。比如愤怒的人脸会涨得通红，手攥成拳头，全身绷紧。抑郁、悲伤等情绪产生时，虽然外在变化不明显，但身体的所有器官、每个细胞、每根血管都有变化。所有的情绪波动都会给身体带来变化，是一种能量的流动，必须有一个来和去的过程，如果阻止其流动就容易形成创伤。

第二，情绪是每个人所在能量层级的评判标准。每个人的能量层级是由当下的情绪状态决定的。情绪是真实的，是不可被忽略的，是可以被主动管理的。管理情绪的能力是可以经过训练而提升到自如状态的。

互动分享：

1. 关于情绪，你的理解是什么？

2. 现实生活中，有哪些发生在你身上或身边与情绪有关的事情？

（二）解读负面情绪

情绪的理解力是指理解不同情绪背后的意义和价值，区分自己到底处在什么情绪中及为什么会产生这些情绪的能力。

人们不会拒绝高兴、喜悦这些积极情绪，人们最希望提升的是对所谓的负面情绪的理解力。理解负面情绪，在我的另外两本书《唤醒半睡的自己》《孩子，我拿什么留给你》里，都有详细的解读，包括案例介绍、有效运用等，大家可结合阅读。这里只简单列举几个人们最不喜欢、最恐惧的负面情绪，进行逐项解读。

恐惧：恐惧是保护人活下去的重要情绪。生命有自我保护的本能，只有害怕的时候才知道保护自己，才会营造一个安全的环境。恐惧是一种能够激发人自我照顾和保护的情绪。

但是假如把所有的恐惧都夸大到"怕死"，就会影响到正常生活。比如一个小朋友怕狗，这是正常的。在长大的过程中，知道有些狗是需要怕的，如疯狗、狼狗、野狗等危险的狗；有些狗是不需要害怕的，如牵在手里的小宠物狗、拴着链子的狗、画在图片里的狗、电视里的狗等不具有威胁的狗。可有的人却分不清，对所有的狗都害怕，甚至不能听到"狗"这个词，谈狗色变。这种夸大的恐惧给人带来了困扰，就需要了解、面对、处理。

父母不可以对孩子随便贴"胆小""软弱"的标签，要允许孩子有恐惧感，他才可以自我保护。保留适当的恐惧情绪，不会干扰日常生活。

愤怒：这种情绪背后的信念，是需要力量去改变不能面对的事实。产生这种情绪的实质是：内心有"想改变对方，想改变对方的看法、想法和做法"的信念。愤怒的人是有力量的，但把力量错用在改变别人身上。

事情的真相是：每个人没有资格改变别人，只能改变自己，改变自己的看法、想法和做法。把注意力放在改变自己这件事上时，愤怒的巨大力量就转化成自我改变、自我成长的重要动力。这时，愤怒可以促使人运用已有的力量完成自我改变，放下对别人的控制，放下改变别人的欲望。

痛苦：痛苦包括肉体痛苦和精神痛苦，能够促进人的改变和觉醒。痛苦可以提醒大家：此处已经不适合，需要改变一个方向和做法。越痛苦，改变的动力越大，改变的可能性越大。

温水煮青蛙的实验让人知道，每个人的生活中常有舒适区，舒适区里的相对平衡让人不愿改变，哪怕这种平衡是低水平的、没有活力的。而痛苦的到来可以打破平衡，逼着自己改变，然后带着对改变的恐惧，去创造新的可能性和新的平衡。山重水复之后，会发现豁然开朗的新生活。

心理咨询中有一句话非常经典，"在人与人的关系中，谁最痛苦，谁需要先做出改变"。痛苦是渴望变化、被迫改变的开始，是觉醒的到来。

内疚、自责、遗憾、后悔、罪恶感：它们是情绪的同一个层面，都是说明一些过去发生的、让你念念不忘的事情。你认为有些事情还可以做得更好，或是因为没有做而处在悔恨、自责的状态里。这些情绪对人有非常大的影响，让人的生活停留在过去，没办法活在当下，更不可能朝向未来。所以活在内疚、自责、遗憾、后悔、罪恶感里的人是生命能量最低的人。我在本书的第一章讲过，内疚、自责、遗憾、后悔、罪恶感这些情绪，停留在最低的能量层级中，只有20~30分，对自我或其他人都有毁灭性伤害。

改变自己的所思所想，让自己朝向未来。只有这样做，才可以提升能量，改变生命状态。对于过去发生的事，你能够做的就是回到当下，去接受已经发生过的事实，主动忏悔和补偿；然后立足当下，面向未来。

失望：这种情绪很普遍，包括对自己的失望和对他人的失望。对自己失望，是对达不到自己的理想标准而失望，不接受自己；对他人失望，是因为自己想控制他人按照自己的标准去做一件事，对方却做不到，所以对其失望。

每当出现失望的情绪，其实是在提醒自己没有接受自己或别人，老想改变别人。解决此问题，我们需要做的是接受自己，把对别人的否定转换成面对和接受。失望的情绪就可以转化为成长的力量。

委屈：第一，每当一个人有委屈情绪时，说明他的心理状态处于小孩子的依赖状态，不是成人状态；第二，把对方当成父母，希望对方像父母一样满足自己的需要。后文会专门介绍处理委屈情绪的技巧，可以用一些训练让自己的内心变得更加强大。

仇恨：这是一种毁灭性的情绪，既伤害自己，又伤害对方。仇恨的情绪，容易让人处在毁灭自己的边缘。比如小时候被父母忽略、误会等经历，都可能带给自己一些仇恨情绪。这份情绪产生的力量对自己、他人来说都是毁灭性的。

觉察到仇恨这种情绪，要即刻停下来转换它。感恩是转化所有负面情绪的能量。感恩不是头脑里的一种概念，而是从心里生发出来的一种情感。只有从心里生发出来的，才是真正的感恩。

什么叫"恩"呢？"恩"是由自己没有付出时，对方给自己的一些东西而产生的。检视一下，在生命中我们没有付出，却得到的意外的收获。比如，自己没有给父母什么，父母却给了自己生命；人类没有给自然什么，自然却给了人类空气；我没有给邻居什么，邻居却给了我们微笑……这些都是未付出而得到的恩。先要发现"恩"之所在，才能由心而生"感"——感动、感激、感谢。

互动分享：

1. 思考当下的自己，是处于儿童状态还是成人状态？是否对情绪有了更深的了解？

2. 你常感受到自己的哪些情绪？今天你开始懂自己了吗？

（三）如何处理负面情绪

处理你的担忧与负疚感

担忧与负疚这两种情绪，跟自责、遗憾、后悔等情绪相似，都处在能量层级最低的阶段，在20~30分之间。

为什么担忧和负疚情绪的能量最低？想象一下，当想到担忧、负疚状态时，你会用哪一种画面来形容？你会选择用什么颜色来代表它们？每次大家给我的答案都是沉重的画面，色彩大多是黑色、深灰的。有人说："是黑的，实心的，像个铅球一样，坠在心里很重很重。"

心理学家研究发现，凡是有生命伤害情况，如自杀、他杀，或遇到意外事故、意外伤害，在经历者内心都有很深的担忧和负疚心理，并且隐藏得很深。这种情绪是一种很深的报复性的、破坏性的情绪，对内会伤害自己的身心健康，对外可能变成对抗，可能引起报复性的社会事件。

负疚心理常表现为"我不够好，是我做错了"，有很深的自责和罪恶感，往往与担心联系在一起，可能演化为对其他人的报复，变成凝重的、复杂的、纠结在一起的负面能量。

内疚心理产生的原因，往往与童年成长经历有关。童年成长经历中，父母对孩子的忽略、压抑、控制和否定，会直接导致孩子有很多诉求未被满足，情绪没有被允许表达、未自然流动，进而导致孩子产生了创伤。而对自我的否定、错误认知会表现为认为因为自己不好，所以爸妈不爱我；因为自己能力不够，所以这世界没可能变成自己想象的那样美好。

在各种局限性信念里，最具杀伤力的是三个："没资格""没能力""没可能"。有了这三种信念的人往往对未来充满恐惧，有各种各样的担心深藏在内心。在慢慢长大的过程中，他们好像忘记、忽略了自己童年的创伤，但当抚育一个比自己还弱小的孩子时，见证孩子每天的成长，就会勾起深藏在内心的恐惧，转化为对孩子和他人的担心。

"孩子考不上好小学怎么办？考不上好中学怎么办？考不上好大学怎么办？将来没工作怎么办？将来日子过不好怎么办？"各种担心充斥着父母们的内心，引发全社会的育子焦虑。

每个孩子面对未来，本有无限可能性，但因父母无意中将对自己的担心迁移到对孩子的担心上，把孩子充满无限可能性的未来推向了"不好"的方向。因为潜意识是分不清"不"和"是"的，父母每次提醒："你不能没出息，你不能没有好工作，你将来不能照顾不了自己。"孩子的潜意识收到的，全都是"不"后边的那些内容：没工作，没好的未来，没有好的生活。孩子对父母天生的忠诚使得他一次又一次地接受爸爸妈妈的唠叨，像一次次被催眠的过程，潜意识全然吸收，忠诚地走向预言的"没工作、没出息、没好的未来"，把本来有无限可能性的世界，变成一条实实在在的路。爸爸妈妈的唠叨和担心，为孩子铺好了这条路，让孩子乖乖地走在这条路上。

一位妈妈曾这样跟我讲："我一直都担心孩子上不了好的学校。"

我问她："上不到好学校会怎么样呢？"

她说："上不了好学校，就找不着好工作。"

我问："那又怎么样呢？"

她说："找不着好工作，他这么好吃懒做，就得去偷、去抢，就得被抓起来，他就得到监狱里过日子。"

我开玩笑地问："你是亲妈吗？"她说："是呀。"我说："一个亲妈不断为孩子设置这样的未来景象，催眠孩子、催眠自己。你的孩子如果爱你、忠诚于你，就一定会活出你希望他的样子；他若不爱你，就会产生对抗、叛逆，你们两个就得吵架。你觉得哪样的日子好过呢？这两种结果，都是你的担心导致的，带给他的只有伤害，没有一点信任，这真的是你对孩子的爱吗？你真的要这样诅咒和扼杀自己的孩子吗？"

这位妈妈听了之后很害怕，很着急地想改变自己。

在上面这个案例中，有四个原因可能导致这位妈妈的担心和负疚心理。第一，父母受小时候形成的"没资格""没能力""没可能"的局限信念的影响。

第二，父母没有充分成长。虽然父母在年龄上已成年，但在心理上却以为自己可以决定孩子的未来和人生，要给孩子创造完美的世界，提供理想的一切，这样孩子的未来才会好。

第三，不信任自己，以为自己亏欠了孩子。父母在孩子小时候没有陪他、不懂他。现在通过学习，发现自己做错了太多，觉得对不起孩子，面对孩子开始小心翼翼，琢磨着眼神和表情跟他说话，唯恐再伤害他。可是这样效果更加不好。到底要怎么做呢？父母要在内心坚定地看着孩子的眼睛，对他说："不管过去我做了什么，我都是你唯一的、最好的爸爸／妈妈，也是最有资格做你爸爸／妈妈的人。今天之前，我尽了最大的努力做到最好，现在又在全力以赴地学习、改善和提升，让我和你的明天有更大的不同。所以，我不亏欠你的，我永远比你大，你永远比我小。无论我做了什么，我都站在爸爸／妈妈的位置上，这是坚定的，是不可动摇的、不可否定的。"然后感受自己身心合一的力量，感受自己的底气！只有你站准了这个位置，才能放下内疚和担心，才能真正从爸爸／妈妈爱的角度祝福和信任孩子，给孩子力量。

第四，父母因为觉得亏欠，总执着于孩子的过去而错失当下。这时应放下补偿，因为当补偿过去时，父母们又错失了一个又一个的当下。

针对以上诸原因，解决对策如下：

第一，接受自己。经常做前文介绍的"接受父母"的练习。

第二，信任自己。当你越来越喜欢自己时，你就会越来越信任自己、信任孩子，相信他有一天也会变得很好。

第三，站好自己的位置，在爸爸／妈妈这个坚定、不可动摇的位置上，给孩子信任和祝福。

互动分享:

1. 在重复做"接受父母"的练习中,你有哪些收获和改变?

2. 当了解了这几种负面情绪后,再遇到类似的情绪时,你会有什么不同?

交还委屈情绪

在生活里,谁会让你产生委屈情绪呢?是自己的父母、爱人、好朋友、同事、领导还是孩子?很多成年人都会非常认真地说:"因为对方……我很委屈。"自己有资格委屈,是因为错在对方,不在自己,所以感觉自己很无辜。持有这种想法的人,往往还不了解委屈这种情绪的真正意义。

委屈情绪是一种提醒:当下是以小孩子状态,把在父母那里未满足的期待,投射到其他人、事、物上。

一个小孩从出生到满18岁的成长过程中,父母是第一责任人,要给孩子提供吃、穿、住,保护孩子的安全,让孩子学习自己照顾自己。18岁前,孩子有资格期待父母给他一些东西,也有资格得到父母给的所有照顾;18岁后,父母基本完成任务,就可以让孩子活自己的人生。

父母是不完美的。现实中不完美的父母给予孩子的也许不是孩子所期待的,而孩子期待的,父母却没有给或给不了。有的孩子只期待父母的陪伴,但父母却忙着挣钱;有的孩子希望父母能给足够的钱,但父母能给的只有陪伴。当父母给孩子不想要的或期待之外的,孩子就会有委屈;离开父母后就会有意无意地把这份得不到的期待,投射到其他更有力量的人身上。

小孩上了学,就把老师投射成父母的角色,社会导向也引导说老师就像妈妈。老师不是妈妈，因为妈妈是给孩子生命的人。老师只是老师，是知识的传承者。但整个社会都存在一个共同的"迁移"期待，认为老师应该像妈妈那样照顾学生，如果老师做不到，大家就会对老师有委屈情绪；孩子也认为老师不公平，而感到受伤害。

工作后，孩子会希望领导像爸妈一样，一碗水端平，给自己很好的照顾。但领导的任务不是让员工开心，而是完成工作任务和指标。很多人就会因此对领导产生委屈情绪。

委屈最多的对象是爱人。女儿出嫁时，在盛大的婚礼上，父亲拉着女儿的手走到女婿面前都会说一句话："从今天开始，我把孩子托付给你了，你要像我一样照顾她。"新郎一定手拍胸脯承诺："没问题，我替你照顾她。"

这是一个危险的托付，因为他也只是个孩子，他也需要父母照顾。把一个孩子托付给另外一个孩子，无论说得多好听，可能都是难以实现的期待。女孩子期待"你应该像我父亲一样照顾我"，男孩子期待"你要像我母亲一样照顾我"，这样的期待放错了对象，结果只会收获委屈和矛盾。

婚姻中出现很多伤痛的实质原因是两个人都认为对方应该做自己父母做的事。深层原因则是"我认为父母没给够，你应该替父母给我"。一厢情愿地强行把对方放在父母的身份上，不管对方是否有这个能力，是否愿意。如果对方做不到，就会委屈、失望、受伤，会和对方闹，去否定对方而起冲突。很多夫妻就是这样慢慢痛苦地远离了彼此。

当你发现爱人无法满足自己的期待时，你就把注意力转移到孩子身上。你从早到晚为孩子付出，但要求孩子应该以好好学习、有成就、未来有出息来回报你。这样，你的颜面有光，自己的未来就可以托付给孩子了。

综上所述，委屈情绪是一个重要指标，它提醒自己的心仍处在儿童状态。这种情绪让自己丧失力量，丧失责任能力，把对方置于痛苦和纠结之中。我们必须在觉察到委屈情绪之后，主动交还投射。做法如下：

请让自己坐或躺下来，做几个深呼吸，让自己放松、平静下来。平复一下呼吸，把注意力放在自己内心。在心里，想象一个让你有委屈感觉的人，正站在你对面，在脑海中让他的形象浮现出来。看清他的表情，看清他衣服的颜色。体会你内心委屈的感觉，并给这种感觉打分（满分为10分，分值越大，委屈程度就越高），看看自己能打几分。理清这个感觉时，就是帮助自己跟对方建立连接。

现在请你想象，在你身后有你的父母，他们用他们的方式支持着你，也许是把手放在你的肩膀上，也许只是将目光放在你身上。然后你感受到身后父母的支持和力量（这取决于你之前做"接受父母"练习的效果），带着父母给的这份力量，踏实地靠着他们，感受背后有依靠的这种感觉。接着，看着对面那个让你有委屈的人，在心里看着他的眼睛对他说："你是我的×××（比方你是我的丈夫，我是你的太太。这个称谓你可以自己切换）。你不是我的父亲（母亲），我也不是你的女儿（儿子）。我的父母站在我身后，他们给了我所有的力量、爱和支持；他们没有给我的，我会自己去创造。现在我把委屈放在你身上，把对父母的那些期待，全部收回到我身后的父母身上，让你只做我的先生（太太）。"

说完这段话之后，想象对面那个人的头顶，会有一些金属的线流出来。这些金属的线越过你的头顶，落到你身后的父母身上。过去有的一些期待，现在有的、未来可能还会有的期待，就这样像一些金属的线一样，从他头顶流出，落到你身后的父母身上。慢慢来，有一些期待是你可以说得清的，有一些是说不清但你知道它存在的，无论怎样都让它们从对方的身上流出来。当你感觉那些期待都流尽后，你的身体就会有感觉、有感应。

你会深深地舒口气，觉得很轻松，觉得自己突然跟以往有所不同。你也会看到，对面的那个人跟以往也有很大不同。你现在重新看他的眼睛，会有完全不同的感觉。带着这份感觉，也许你愿意主动靠近他，跟他拥抱。也许你会发现，你好像今天刚刚认识他，过去有很多东西笼罩着他，你并没有清楚地看到他。可就在此刻，当你收回那些投射的委屈和期待时，你突然发现，好像第一次真正在心里看到他、看清楚他。假如这样，恭喜你，你开始作为一个成人跟对方相处了。

婚姻关系中，投射往往是相互的，就是彼此把对方投射成父母。你也可以主动交还他对你的期待，因为对你来说，他对你的期待也是一种不公平的投射。

当彼此收回期待，你会发现这是一个有意义的成长分水岭。无论面对婚姻、孩子，还是同事、领导，这个练习都同样有效。只要愿意尝试，你甚至可以重复多次去做这个练习。每次面对一个让你有委屈的人，你的内心都会得到释放，你会越来越有力量地成长和成熟，跟你的生理年龄越来越匹配。

互动分享：

1. 下次再有委屈情绪时，你至少有哪3种解决办法？

2. 关于委屈情绪的解读，颠覆了你原来的哪些信念？

处理愤怒和恐惧情绪

有个朋友，最近刚刚搬到一个新住宅区。他每天都会跟朋友分享搬新家后可怕的事："有只流浪狗总是守在路边，我天生比较怕狗，每当看到那条流浪狗就会跑，我越跑它越追。每次跑到筋疲力尽，那狗还是在后边追，非常辛苦。"有人给他建议："这样跑总不是办法，你能不能想其他办法？拿棍子打它，或给它送点好吃的哄哄它？"他急忙说："那不行，打它会跟着跑得更急。我才不会给它买吃的呢。"他总是拿起石头、棍子，大声吓唬那只狗。狗被他吓得后退几步，等他往前走时，又追在后头。

有一天他去超市，无意间转到宠物口粮货架，尝试着买了袋狗粮，想再换个方法试试。第二天上班时，他把狗粮装在口袋里出门，狗仍然跟在后边。他没拿砖头吓它，而是撒了把狗粮出去。他回头看那只狗，狗先是吓一跳，往后闪了一下，待他走远，狗就过去嗅地下的狗粮，大口吃完又往前跑。他一转身又撒了把狗粮，又给自己争取了时间。一路上他撒了好几次狗粮。他发现自己的心情好像平静很多，甚至想跟那只狗有些互动，那只狗也变得温顺很多，只在吃完后才跟上他，眼神里多了些温和的光。

这样的状态持续了个把星期，那只狗与他的关系发生了微妙的变化。他不上班时，那狗守在家门口。他撒出狗粮，狗开始进到院子，慢慢靠近他。他给它起了个名字，叫顺儿。就这样慢慢地，他用这种方式，把这只狗培养成非常好的看家护院的"侍卫"。它很能干，帮他取报纸、送奶瓶，有陌生人来就叫个不停，成了他非常得意的看家犬。

在每个人内心，也都有一只恐惧的"小狗"。最初面对它时，我们可能会愤怒，可能会逃避，也可能会压抑或隐忍。但这些所有反应产生的效果并不好，因为那只"小狗"还存在，甚至用越来越大的力量、越来越强的干扰提醒我们：面对恐惧这只"小狗"，应换个方法去面对和处理。

做一个简单的练习。首先问自己，在生活中会怕什么动物或植物。很多人都害怕蠕动的软体动物，比如蛇，一提起来，会被吓得出现蜷缩、身体后仰的反应。试着评估一下，1~10分，10分最高，你的害怕是几分？

然后把这份害怕的感觉，用自然界中的某种动物、植物或景象比拟，可以代表自己心里那种害怕的感觉。有人说害怕这种感觉是恶心的、冰凉的，像水里某种生物一样令人恐惧；有人说是一种像老虎、狮子一样的很强烈的恐惧。不管像什么，请你感受它。

现在请你带着这份感觉，想象有条蛇在你对面，看一看它离你有多远。看看对面你害怕的东西，是什么颜色、什么形状、有多大？然后看着对面你害怕的东西，尝试看它的眼睛。你可能很害怕，不敢看。但你知道它不会伤到你，它只是你想象出来的。带着勇气去看那双眼睛，然后发自内心地对它说："我怕你，我非常害怕你。"试着继续说这句话，不停地说，一边说一边感受自己内心的感觉，感觉身体的变化。你可以很大声地说，也可以小声地说。一边说一边感觉情绪和内心的感受，然后将这种变化说出来："当我说完害怕后，现在更害怕了。"

无论怎样的感觉都说出来,持续不断地说,直到你害怕的感觉开始发生细微的变化,对面害怕的东西,也开始变了,颜色、形状、大小、跟你的距离都发生了变化。你再不断地把感受到的变化说出来:"当我说出我害怕,你就发生了变化,你变化以后,我的害怕就减少了。"是的,就是这么奇妙,当内心有能力、有勇气面对它,把这些恐惧说出来时,它就发生了奇妙的变化。

然后你又说,它又发生变化,你再继续说,不断制造这样一个对话沟通的机会。接下来你会发现,它竟然不再那么可怕,变成了一个好玩又可爱的东西。每个人面对可爱、好玩的东西,都有种想靠近它的冲动,想接触它。

前面的沟通已经产生了效果,你只需要跟那份感觉说:"当我说出害怕你这句话时,你就发生了变化。原来你不是来吓唬我的,你是来提醒我,让我学会保护自己不受到伤害的。现在我已经收到了这份提醒,我发现你变得可爱,我愿意靠近你、触摸你、跟你联系。"

在上面的练习过程中,你只需要把真实感觉说出来就会发现,那个让你怕的东西变成了你愿意陪伴它的存在。这时你会发现,内心的恐惧已转化成喜爱,你在这个过程中学到保护和照顾自己,也学会区分可怕和不可怕的东西。这份成长有很重要的意义,你开始感受到开心和放松了。

面对无论是对人还是对事的恐惧,你都可以用这样的方式来解决。这是一个非常有效的情绪处理技巧。

再来看关于愤怒的情绪。愤怒是有力量去控制那些不能接受、不能面对的人、事、物。感受愤怒时，要自问和觉察：你的愤怒针对谁？他为什么会让我愤怒？当理清这两个问题后，从改自己的想法、做法、说法三个角度去着手处理愤怒情绪。

怎样改变想法呢？每个人之所以这样做，总有要做的理由。别人不是我，所以跟我的想法不一样。从对方的角度看，当尊重对方的想法时，自己就没有愤怒了。

改变你的做法。以往你可能会吼出去、会摔打，现在则可以直接表达情绪，说："当我不了解你的想法时，对你很愤怒。"这种新的做法和说法，会让愤怒悄然地转变、消失，放下愤怒后，自己又增加了很多力量。

愤怒和恐惧是所有动物本能的自我保护。这份能力非常重要，要充分运用它。当这些情绪妨碍了现在想做的事时，就可以去转化它，改变自己，摆脱它的束缚。让自己充满力量，保护自己，活在当下。

互动分享：

1.在处理愤怒和恐惧情绪时，你还知道哪些实用有效的方法？

2.愤怒和恐惧情绪的正面意义有哪些？

应对焦虑情绪

有人说，焦虑在现代社会生活中普遍存在，也有人说考试焦虑是需要亲子共同面对的常态情绪。贯穿孩子学习始终的考试焦虑，已经成为全社会无法逃离的弥漫性情绪。除了考试焦虑，在生活中，每当面对新的环境、新的挑战，比如换岗、迁居或孩子升学等情形时，都会引发人们的焦虑情绪。

所有焦虑情绪背后的意义和价值是什么呢？

当生活发生变化，心理上出现心慌、紧张、无所适从的感觉时，就说明焦虑情绪产生了。解读焦虑情绪，有几个重要的因素：

第一，什么时候会焦虑？当你觉得这件事情很重要时会焦虑。如看重的升职、在乎的考试，都会让你产生焦虑。因为事情很重要，你很在乎它而产生了焦虑，对无所谓的事情则无焦虑。

第二，以你现有的能力不能完全胜任这件事，以为自己经验不足、能力不够而产生压力感。

第三，焦虑可以让你评估自己到底哪方面的能力不够，然后有针对性地提升这种能力，消除焦虑。

你认为自己能力不够，所以就会焦虑，当意识到能力够了，自然可以缓解焦虑。注意，不是所有的焦虑都会妨碍生活。下面这个倒U型曲线表示的是不同焦虑程度与成绩的关系。

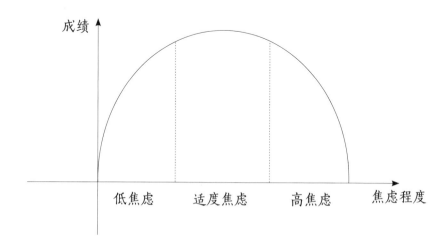

图2.1　不同焦虑程度与成绩的关系

有人研究焦虑程度和成绩（作业水平）之间的关系发现，焦虑过低、过高的这两个区间，成绩水平是相对较低的；在倒 U 型曲线上半部（适度焦虑）的区间里，成绩是相对较高的。这条曲线揭示的规律是：无论是面对升学或其他事情，中等程度的焦虑可以更好地提升一个人的专注能力，激发一个人的潜能；低焦虑及高焦虑状况都会影响成绩，影响潜能的发挥。

这提醒我们：如果完全不在乎这件事、完全不焦虑，就不会专注地集中精力做准备，成绩会比较差；如果特别想成功、特别想赢，焦虑指数特别高时，在考场可能会出现大脑一片空白、全身紧张、发抖、出冷汗、慌成一团等所谓的"死机状态"。等到完成考试，可以深呼吸和放松时，很多答案突然浮现出来，但已错失机会，悔之莫及。考试如此，生活中遇到其他大的挑战也是如此。

如何处理和应对生活中的焦虑呢？

首先，评估焦虑等级。 当下你的焦虑指数是多少？1~10 分，10 分是满分，确认自己是否产生了焦虑情绪。比如面临新的工作、结婚、考试等生活中即将发生或正在发生的变化，如果内心感到紧张、慌乱，就要问自己，现在这种状态是焦虑吗？有几分？假如超过 7 分，那么请小心，现在仓促上阵效果不会好，要先做情绪的处理，再去处理事情才更有效。让自己做些事情，把焦虑分数降到 4 分，才会既专注、集中注意力，又有弹性，持续高效地完成任务或处理事情，产生的结果会比较好。

其次，肯定自己的动机。 "焦虑在提醒我，我很在乎这件事，希望通过做好这件事，让自己的能力得到施展。"如你希望做个好太太、做个好主管，希望考到好成绩等。这是从动机上充分肯定自己，肯定焦虑背后的动机。

再次，觉察自己欠缺的具体能力。通过深呼吸放松，舒缓情绪，用各种技巧，让自己的焦虑分数降下来。同时觉察之所以这么焦虑，是哪样能力不够呢？如想做好太太，但完全不知道怎样与另一个人在同一个屋檐下相处，沟通能力、感受对方情绪的能力都不够。哪一个或几个是短板，寻找出来做个记录，比如"面对考试，放松能力是弱的，调整呼吸的能力是弱的"。要明确自己需要提升什么能力。

最后，提升自己的抗压能力。如果是考试焦虑，可以找心理老师咨询，或参加相关的课程，学习考试前、考试中的放松方法，学会检视自己的考试目标是否恰当。做放松练习，有针对性地提升自己的能力。

如果想提升做好太太、感受配偶情绪的能力，提升沟通的能力，可以在《从"炼"爱到结婚》中学习具体的技巧。然后自己反复练习，再去面对婚姻，这时你就会越来越放松，焦虑分数自然降低，自然能够享受婚姻的幸福。

面对升职的挑战，需要提升管理协调能力。你也可以参加课程，或找专业顾问寻求指导，然后反复训练。提升这种能力之后，就会适应新岗位了。

过高的焦虑（一般指在七八分及以上）可以通过以上四个步骤慢慢转换、训练，降低到适中的水平。

所谓的过低焦虑，就是对事情完全不在乎、无所谓的态度。尽管能力足够，但并未主动和充分运用，这样也不会有好的成果和成绩。

这时需要给自己重新确定目标，"虽然我不在乎这次考试的结果，但我在乎应对考试时的状态。我给自己定一个新目标，把这次考试当成修炼自己的机会，全力以赴，然后看看今天比昨天进步了多少？"当我们把分数要求降低，对自我提升的要求提高，愿意全力以赴时，焦虑开始从过低提升到中等，产生推动力，潜力被激发出来，这样自然会产生良好的效果。

有些孩子表面上完全不在乎考试、学习，实际是种变形的考试焦虑：觉得自己不行，准备放弃，带着很强的挫败感。假如通过有效地沟通，让其发现考试过程中可以挑战自己，就可以利用这个机会看到自己的改变，把考试当作自我比较、自我衡量的机会，也许会建立能力提升的自信。

很多孩子的考试焦虑是因为父母焦虑在先、焦虑值高，引发了孩子的考试焦虑。父母需要按上面的四个步骤，完成降低焦虑水平的练习，然后才能帮孩子减轻考试焦虑，有效减压。

互动分享：

1.面对孩子/学生的考试焦虑，你有哪些简单有效的方法可以帮助他们？

2.关于焦虑情绪，你有哪些新的发现？

处理负面情绪五步法

对诸种情绪的解读可以帮助你认识和感知情绪，会让你对自己和周围人的情绪变得敏感。当有人处于某种情绪状态时，你可以快速感知，并引导他们觉察，你还可以分享负面情绪背后的正面意义和价值。

负面情绪代表不喜欢、害怕被影响、渴望控制和压抑的情绪。越了解它们，越发现它们是生命中重要的组成部分，在其背后藏了很多宝藏和很多重要的力量，需要你有足够的勇气才能去面对和接受。这些"化了妆的礼物"，有着不太可爱的包装，用不受欢迎的方式送来礼物，我们要准备好迎接它们。

处理负面情绪有五个步骤。

第一步，敏锐的觉察能力。从自己开始，快速感知和觉察自己身体的变化，包括呼吸、血压、心跳、出汗的情况，甚至包括身体某些部分紧绷或松弛的状态及内心的感受。假如用1~10分作为衡量标准，10分是最高的话，你现在会有几分？

比方觉得恐惧，你身体哪些部分会有感觉？是心在跳、出冷汗、手不小心攥紧，还是身体颤抖？这些都是觉察情绪的细微信号。假如满分是10分，你现在是几分？每个人都可以以主观的衡量标准来了解主观的情绪。

一般在5分以下的情绪，会比较容易把握；超过5分，就会难以把握这种情绪，易被其影响和带动，产生"失控"的情况。防止失控最好的方法是提升对情绪的细微觉察力，随时准确获得身体的信息，理解这种信息代表怎样的情绪，是委屈、愤怒、悲伤、失望还是自责、担心、内疚？当这些情绪在脑海中闪现时，身体会有感应。理解了所处的情绪状态，就可以快速根据其背后的意义和价值，有效地转化或予以摆脱，轻松"解控"。

敏锐觉察身体、内心的变化，能够快速感知自己的情绪，也就能够真正地了解自己。给自己足够的耐心，静下心来，觉察自己处于哪种或哪几种情绪状态，并对情绪进行评价，就可以真正地懂自己所在何处了。

第二步，接受任何情绪。无论现在有怎样的情绪，哪怕是"现在很委屈"，你都要接受这个委屈，对自己说："OK，我现在感受到10分委屈、5分恐惧、8分愤怒，这些情绪，我都接受。"

当你接受这些情绪时，你已经开始有勇气、有力量面对所有情绪，不回避、不否定、不压抑自己，也不评判自己。你可以用很多种方式表达自己，可以通过语言告诉旁边的人："我现在很愤怒，我十分愤怒、十分委屈。"也可以通过书写、画画、借用自然界中的某种形象表达你的情绪。

第三步，允许自己真实地表达和流露情绪。假如你现在非常愤怒，就顺应着身体，让愤怒以适当的方式流露出来。通过身体的移动或呼吸的带领、语言、文字甚至哭泣来表达你自己。在保证不影响周围人安全的情况下，让自己的情绪自然流露，这就是允许自己表达。不用攻击，也不用压抑自己，而是真实地将这些情绪流露出来。

假如在公众场合情绪激烈，你就对自己说："我现在先平静一下，我会另外找一个单独的安静的空间，再照顾自己这些情绪，让它们如实地流露出来。"你不需要在众人面前表达自己的愤怒，伤人伤己，但一定要保证给自己找个没人打扰的安静的空间，让自己尽情地表达负面情绪。你可以哭，可以诉说，可以砸枕头，也可以撕报纸、捶胸顿足，这些都可以。

第四步，与潜意识沟通。允许自己有这样一个时间和机会，面对自己的情绪时，你可以用跟潜意识沟通的方式看到情绪，感谢它送给你的礼物。邀请潜意识帮助你，在接下来这段属于你自己的时间和空间里，安静地完成情绪流露和探索的过程。

当你的潜意识发现你确实准备好了，确实有能力照顾自己了，就会给你非常多的帮助。你的潜意识会浮现出与此情此景相关的一幕，也许是曾经的记忆，也许是跟某人的关系，以画面的方式自然地、形象地呈现出来。你经过真实的情绪释放和流露就会发现，在表达之后，被堵塞的河水突然冲破了堤岸，顺畅地奔腾，那种自然、放松、舒缓的感觉，非常美妙。豁然开朗之后，你会有如释重负的喜悦和轻松。这就是非常美妙的收礼物的时刻。

第五步，找信赖的人帮助你。完成情绪流露时，你可以请你信任的人帮忙，请他在旁协助和陪伴你，帮助你完成这个过程。

有时情绪的流露会触碰到比较深层的困扰结点，也许你不太相信自己的力量，或者觉得自己无力彻底解决，那就找一个信任的人，可以是心理咨询师，或者是共同学习的同学、一起听课的伙伴。有他陪在旁边，你知道最难受时，他可以支持你。

向人求助是一项非常重要的生存能力，这意味着信任他人。当你可以做到时，你会发现无论遇到怎样的情绪，只要允许它自然流动，都可以感受到流过之后的平静，以及平静之后更深层的感动，感受到豁然开朗、舒缓释放的感觉。

你还可以用深呼吸把自己从当下的场景中抽离出来，站在更高的角度，面向未来的方向，审视这个场景和事件。你会发现负面情绪带来的这份包装不美丽的礼物，会带给你出乎意料的收获和成长。

互动分享：

1. 处理负面情绪的五个步骤，对你有什么启发？

2. 你会用什么方法接受和流露自己的负面情绪？

三、管理情绪，学会表达爱

（一）学习感恩与爱

可以化解所有负面情绪的最有能量的情绪，是感恩和爱。爱在生命能量等级图中处在500分的位置，一个人的爱，可以转化他所有消极的情绪能量。如何在日常生活中完成感恩和爱的功课，让自己可以活出喜悦和平静呢？

如果一个人每天都活在感恩和爱中，就会把所有注意力、关注点聚焦在美好的事物上，就会活出幸福的状态，会很喜悦、很开心。这样的人，同时具备了宽容、仁慈的特点，本身已变成一个强大的能量场，带动和影响着周围的人进入幸福喜悦的状态。一个充满正能量的人，可以感受到喜悦平和，甚至有大彻大悟、智慧的状态，可以"处无为之事，行不言之教"，不知不觉中影响成千上万的人。

在生命能量层级中，200分是一个区分低频与高频的分界点；500分是另外一个分界点，500分以上的人在人群中的比例只有4‰。1000个人里大概有4个怀揣感恩与爱的人。感恩与爱已经成为周围人靠近他们的光源，有很大的吸引力，能带领更多生命进入更高的能量层级。

活在爱与感恩中的人，会自然地付出和分享，不断地给予，潜移默化地影响家人、周围的环境、生活的社区，甚至影响世界，成为巨大吸引力的源头，创造很多奇迹。比如大家熟悉的特蕾莎修女。

有一个关于太阳和北风比力量的故事。谁的力量大，可以让路上的行人放松，脱得下身上的衣服呢？北风先来显示威力，它拼命地吹呀吹，北风吹得越厉害，人们把自己的衣服裹得越紧越厚。北风努力了半天没有效果，只好败下阵来。

太阳做什么呢？太阳一声不响，不做任何动作，只把自己的光芒增强，让光越来越强地照到路上。走在路上的人就开始把裹在身上的衣服一件一件地脱掉。脱掉外套，脱掉衬衫，甚至干脆在太阳底下袒露自己的脊背，面对太阳，放松下来。

假如我们就是太阳，成为暖暖的光源，很多人就会来到我们面前，变得坦诚、真实；假如我们是北风，不断地控制别人、改变别人、批评别人、束缚他人，就会让身边的人包裹得越来越严、越来越紧，无法靠近。

在家中，像太阳一样的父母，可能让孩子阳光自在、乐观积极，成长为富有正能量的孩子。而只会挑剔、愤怒、恐惧、指责、说教、不断打压孩子的父母，会让孩子没有笑容，包裹自己，关紧房门。

真正有力量的人只用温暖的力量，让别人放松、感觉安全。自己若希望成为这样的人，希望成为感恩和爱的源头，就要在生活中完成基本的功课：让自己的念头、所说的话和行为发生改变，创造不同的温度、不同的温暖。

那是怎样的不同？

让念头随时随地发现，每个当下有哪些恩德于己？所谓的"恩德"是指没有付出而得到的东西。比如没有为大自然做什么，却每天都在呼吸着空气、汲取着养分，对大自然就有感恩之心；没有为父母多做什么，父母却给了生命、爱和支持；只给了同事一份早餐钱，他帮忙带早餐的同时，还有一份热情；路边的小草，没有为它施过一点肥，可它却露出嫩芽，用绿色感染和展现生命力……

随时随地心怀感恩，带着喜悦的心情，种下感恩和爱的种子。生命能量状态已在改变，用感恩和爱播种的种子，定会结出喜悦和丰盛的果实。

言语也要发生一些变化：随时随地把内心的感恩和爱说出来，告诉世界和周围你在乎的人。不只是孩子感恩父母，孩子也带给父母很多成长，带给父母丰盛的礼物，父母把感恩告诉孩子，亲子互说感恩，亲子关系怎会不亲密和谐？

把爱说出来是一种表达感恩的方式，也可把感恩和爱转化成行为。如通过对别人露出一个灿烂的微笑，眼神里的赞叹赞赏等随时可做的行为传递感恩，在自己的心田种下感恩的种子。还可以每天写感恩日志，把一天里感受到的恩德写下来，你会发现生活的富足和丰盛。学会感恩后，我们随时都可以跟富足和丰盛连接，与高频能量共振。

你还可以把现在有的、多的东西主动送出去。先问自己多余的是什么？有的人时间多，有的人技能多，还有人财物富足，也有人只有语言和微笑，那么就主动把自己认为多的东西送出去吧，给身边人、陌生人送出赞叹、欣赏，奉献技能，提供时间……只要主动地带着欢喜去做，就是在种善和爱的种子；如果感受到强迫或不情愿，种出去的就是不情愿和强迫的种子。带着欢喜去播种，你会发现，以后的生命中将不断充满惊喜和欢乐。

有个朋友说："不知道为什么，家门口经常放着很多快递，不知名的朋友常给我送礼物；邻居做了好吃的饭，都会送给我一碗。"我说："那是因为你经常送东西出去。"她说："是的，我觉得自己很富足，我就把它送出去，无论是赞叹，还是一个小礼物。我有讲课的技能，就经常去帮别人讲课。这些对我来说都是顺便的事，顺便去做，老天总给我许多意外的收获。"道德经讲:"天之道,损有余而补不足,"天道的规律就是奉献多余的东西,自动补充不足。即使自己身体不好、体力不足,仍有富足的财物、力量、善语可以奉献,老天会把所需的健康、体力自动补上。"大曰逝,逝曰远,远曰返,"顺势而为,享受生命的美妙。

做这一切时,不管是为一个人还是几个人做,都可以设想这些行为可以惠及更多人,愿天下所有人都得到这份奉献。如此,心怀可以瞬间变得宽广;一个善行、一句感恩的话,都可以有一片更广大的田地承载。播撒出去的感恩和爱,就会汇成更大的能量自然地流动,最后变成一个顺其自然的过程。

每时每刻都可以带着感恩去思考、行动,问自己:我今天可以为世界做点什么? 今天可以为周围的人做点什么? 带着欢喜去做感恩与爱的功课,自然就完成了自己生命的蜕变。

互动分享:

1. 分享你的感恩实修带给生命的所有变化。

2. 你自己准备每天完成的感恩计划是什么?

(二) 高情商训练

完成了对诸种情绪的解读,再来了解高情商及其训练就容易了。

我常听家长说:"我不要求孩子考什么好学校,也不要求他考多高的分数,只要他情商高就好,我不要他智商高。"假如我好奇地反问:"请告诉我,怎么样才算高情商? 高情商有什么标准?"答案往往五花八门,家长们自以为是。快速提升家长的情商,才可以提升孩子的情商。

　　情商这个概念源于智商。1905年，法国心理学家A·比奈和医生T·西蒙为了普及义务教育、筛选智力落后的儿童而编制了世界上第一套智力测试量表。根据测试结果，把某些分数（130）称为极高智商，某些分数（70）以下称为低智商，某些分数（80~120）称为中等智商。高智商和低智商的人只占20%的比例，而中等智商的人占80%，人们一度热衷于用智商测试来衡量孩子的发展状况。

　　到20世纪70年代，美国心理学家戈尔曼通过多年跟踪实验发现，很多智商高的人在生活中并无大造就，许多中等智商的人在工作中却会快速升职，表现卓越，成为影响力越来越大的领袖型人物。戈尔曼发现，智商并不是决定一个人成功与否的唯一条件。戈尔曼跟踪并做筛选，发现在美国有很多特殊职业，同样智商的人在同样的岗位，决定某人快速升职、适应工作、未来发展的，不是智商，而是情商。1976年，他出版了《情绪智能EQ》，着力于高情商EQ的培养和训练。其中有个观点：找一份工作需要基本的智商，让一份工作做得卓有成效，则需要情商。

　　智商是先天具备的，每个人的水平基本稳定。而情商是后天培养的能力，集中在情绪方面，我们把它分解为四种能力：觉察力、理解力、运用力和摆脱力。

　　觉察力是指对自己和对他人情绪状态的观察能力。

　　理解力指能够快速区分自己和他人情绪并理解为什么会有这种情绪，以及这种情绪有怎样的意义和价值。如前文对于诸种情绪的解读，就是在增强情绪的理解力。

　　运用力是指能快速让自己或帮他人运用某种情绪实现既定目标的能力。

　　摆脱力则是指帮自己或他人快速把与目标无关的情绪摆脱释放掉的

能力。

这四项能力经后天培养，越来越强，情商也就越高。四项能力中最难掌握的是哪项？表面看起来是摆脱力最难，实际是对情绪细微变化的觉察更难，一旦有了迅速、准确的觉察力，理解和运用摆脱力就变得容易。提升情绪的觉察力非常重要。

如何提升觉察力？建立一个新习惯，跟自己的身体连接，觉察身体和内心的所有细微变化。当跟自己身体有了越来越敏感的连接时，就可以轻易感受到情绪的来去及其带来哪些生理变化。

你可以问自己："现在手攥紧了，全身绷紧了，这是什么情绪？是恐惧、愤怒，还是悲伤？"带着觉察力感受时，很容易找到对应的情绪。

觉察到情绪后，继续觉察情绪的分值和情绪产生的原因。前文中的诸种情绪解读，可以帮助你很容易完成情绪理解力的训练。

提升情绪运用力。每种情绪都有意义和价值，可以适当运用，帮助你达到期望目标。例如，当觉察到愤怒情绪时，需要问自己是要运用情绪还是摆脱这种情绪？如何运用？一定要牢记：当下自己是谁？我想得到什么？我现在在做什么？我做的和我想得到的有什么关系？这智慧的人生四问，可以帮助自己快速地做运用或摆脱的决定。

比如，我是一名老师，当下要讲课，可我现在抖成一团，说话不成句，跟我的目标没办法匹配。我觉察和理解到，现在的恐惧是一种自我保护，可否运用这种恐惧背后的力量？

试试深呼吸，对自己说："我很在乎讲课这件事，现在不仅恐惧还焦虑。我需要喝点水，让自己先平静下来，让我能够把课讲好，这才是我想要的。运用我所有的能力和资源，帮我达到这个目标。"这就是运用恐惧来实现目标的过程。

再比如，此刻觉察到自己跟孩子在一起感觉很愤怒，而愤怒会伤到孩子，那不是我想要的。恰巧这时小偷在偷我的东西，我可以愤怒地大声喊："追他，报警!"运用愤怒带给自己的力量，保护自己。所以，不是把所谓负面情绪处理掉，而是在合适的时候运用它，让它帮助自己达到目的。

如果自己所做的事与情绪相违，就需要第四种能力——摆脱，摆脱与目标不一致的情绪。如下班前还在想，今天回家要对孩子和颜悦色，可看到孩子又没写作业时我就很愤怒，忍不住想吼孩子。如果及时觉察到自己的愤怒，问自己："我是谁？我是他妈妈。我想要什么？我想要帮助我的孩子。我现在在做什么？我准备去打他。打他和我想帮助他，一致吗？不一致。那怎么办？改变自己，深呼吸，喝口水，坐下来跟孩子聊一聊。"这个过程可以摆脱对自己有害的情绪。

自己可以做到以上的练习时，对别人的帮助也变得重要。你可以帮助他人，觉察他自己真实的情绪；可以跟他人聊一聊，讨论如何运用情绪，如何做些练习摆脱无效情绪。在本书中会有许多这样的练习，以及运用和摆脱情绪的常用方法和技巧；可以通过行动，改变环境，面对面地表达情绪，做有针对性的处理；也可以主动提升能量等级，多做感恩与爱的练习，多做能量开合训练。在我的"爱的自由""亲子导师班"课程中，我会跟大家分享，用双手开合的方式感受宇宙高频能量，快速提升自己，摆脱低频能量。

在"高情商训练"中，我从不同角度介绍了提升情商的四种能力。相信你对情绪有了概括的认识和直观的感受后，情绪管理能力会越来越强。你不需要再"控制情绪"，表达自己对情绪的无奈和恐惧。你可以非常优雅地告诉身边的人："我越来越会管理我的情绪，我是一个高情商的人，可以带着高情商状态陪伴我的孩子。"

互动分享：

1.结合我在课程中讲到的觉察力、理解力、运用力和摆脱力，分享1~2个在实际工作和生活中的应用案例或者场景。

2.除了我在课程中讲到的提高情商的方法，你还知道哪些方法可以帮助别人提高情商？

四、情绪舒缓技巧

请注意，学习不是为了消除所有负面情绪、减少生命体验，而是为了增加应对生命不同体验的方法。拥有高情商的人，并不是从今以后不愤怒、不恐惧、不纠结，而是无论何时再出现愤怒、恐惧、纠结这些情绪，都更有力量面对，有更多应对的方法。

比如你提升了觉察力后，再次觉察到自己的愤怒，不是像以往那样无意识地在愤怒里直接跳脚，哪怕是先愤怒后觉察，都比原来多了一种应对方式。如果过去要持续愤怒10分钟，现在只要5分钟就可以抽离和摆脱愤怒，那么这也是自己的进步。当觉察到愤怒，你可以停下来，问自己为什么会愤怒？愤怒有用吗？有用就继续，没用的话可以主动做些什么缓解愤怒。这就是学习带来的变化。

有些人苦恼："为什么学了这么多，自己还是会对孩子发火，还会自责？"因为我们都是普通人。刚刚学习调解，刚刚了解情绪，能够做到事后觉察就是一大进步。慢慢地训练自己在事中觉察，再到提前觉察，就是逐渐改变的过程。

不要折磨自己，以为自己通过学习已变成"神"，没有喜怒哀乐。这是可怕的想法。真正的成长是仍有喜怒哀乐各种情绪，但面对喜怒哀乐的态度已有不同。面对情绪，越来越从容、接纳、包容，才是真正变化的效果。

（一）舒缓情绪五步法

带着对自己更多的接纳和了解，在日常生活中及时舒缓自己的情绪，可以从以下五个方向着手：

第一，觉察。在日常生活中，觉察情绪的变化非常必要。觉察是开始让自己不再掉在事件里，而是变成一个旁观者，以第三者的身份回看自己，让自己有了抽离的空间。不再歇斯底里地发作之后才平静，而是在旁边观察、看着自己的情绪变化，问自己这是什么情绪？情绪分值是多少？细微地觉察刚刚的情绪发作背后还有什么情绪？越细越好，一个个筛选出来，看哪个分数最高，就从分数最高的那个先处理。

当你觉察、辨别出来你的情绪，了解它有几分之后，情绪已发生了极大的变化，自动趋向于平缓、平静。因为你注意到它，它被关注到，就已经自然转化了。

第二，深呼吸，多喝水。觉察后，可以主动做一些事情，舒缓自己的情绪，如让身体运动起来，做深呼吸。当觉察到情绪往上涌，已到嗓子眼儿时，先让自己喝口水，深呼吸一下。然后坐下来打开双腿、双手，让身体保持直立，再深呼吸三次左右时，你会发现情绪已经快速趋向舒缓。

第三，做自己喜欢的事情。你可以做自己喜欢的任何事。你可以非常慢、非常专注而放松地运动，也可以走到大自然里，去做缓慢而专注的运动。你可以禅坐、唱歌、听音乐，或跟着乐曲随意舞动。你不需要跳得专业，不需要跳给谁看，只需要跟随音乐的节奏、韵律去舞动身体。你还可以摄影、练习书法……当你将注意力集中在所有能让你喜欢的事上时，你会发现有很多困扰你的情绪，不知不觉间烟消云散。

舒缓自己的情绪，一定要有一件自己最喜欢做、最擅长做的事，可以让自己全身心投入，自然而然地远离低频能量。

第四，抽离练习。当察觉到自己的情绪时，想象自己像一个小飞侠，从身体里抽离到天花板上，从天花板那个角度看着发飙的自己。你会有不同的感受，甚至对事情的前因后果、来龙去脉，也会有不同的看法，而这些看法都会让你此刻发飙的状态发生变化。

除了让自己抽离到高处，还可以想象自己站在未来的某个点上（如20年之后），回头看当下发飙的自己，你会对今天发脾气的自己发表怎样的评价？换角度后，你一定会有不同的感觉和发现。这个练习可以让你在当下不用刻意做某件事，就让自己的情绪尽快得到舒缓。

第五，陪伴自己。给自己一个独立的空间，让自己静下来，与有了强烈情绪的自己进行对话，感受情绪的变化。用对待内心小孩儿的方式告诉那个自己："我看到你，我听到你，我感觉到你。"只要对他有耐心，愿意接受、陪伴、感受变化，自己的情绪会慢慢地发生很多变化。

从觉察开始，做简单的深呼吸；转移注意力，进行抽离练习或对话，快速帮助自己从情绪困扰中尽快回到平静状态。

当自己平静了，就可以有主宰自己人生的自信。可以让自己不断回归中心，不再被困扰带走。这样就越来越能看到周围的人，更容易和自己的孩子、伴侣进行深入的交流。

互动分享：

1.除了我在课程中讲到的情绪舒缓技巧，你还知道哪些行之有效的技巧？

2.当别人愤怒、沮丧时，我可以做什么？不可以做什么？

（二）情绪的自我释放

当自己被生活中某个事件刺激，情绪出现了起伏，身体发生反应，出现流泪、敏感、歇斯底里、持续的低迷状态等情况，就需要主动地进行情绪的自我释放，做自己的情绪疗愈师。做自己的情绪疗愈师，要结合前面有关情绪的所有学习，形成对情绪的有效态度：看见，是的（允许）、流动（转化）。

第一，看见。对自己觉察到的所有情绪不做任何评判和否定，只需像个旁观者一样，看见各种因情绪而起的身体反应，感受内心变化，辨析其中包含着哪些情绪。

第二，允许。允许接纳所有流经的情绪，对它们说"是的"。不以自己的理性评价"为什么"，不以任何理由和借口尝试打断或控制任何情绪。在内心、头脑中对任何情绪说："是的，我看见你，你存在。"不需要理由，不需要借口。既然你来了，我就全然地接受你，接受你在的这个事实，放下任何对抗的企图，把挡出去的力收回，把双手打开迎接：是的，你来了！

第三，流动。在保证自己安全的情况下，主动地释放和转化自己的情绪。给自己创设一个安全的、独立的、不被打扰的空间，可以尽情地宣泄情绪，用自己喜欢的任何方式，让堵在身体里的情绪流动、释放，慢慢地完成转化。这个过程有时会比较长，持续一两个小时或半天。不需着急，给自己足够的耐心，慢慢来。

假如有信任的人可以在旁边陪伴你，那是一份福气；假如没有，关起门来给自己这样的陪伴同样有效，可能因自己完全放松情绪会更彻底地得到释放。

在北京、上海等一线城市，30多岁的女性属于抑郁高发人群。她们有几个特点：一是学历较高；二是智商较高；三是经济条件相对优越；四是多数有份比较体面的工作，被称为"白领丽人"。她们往往会在特定阶段，出现非常严重的抑郁，最普遍的是在婚后、产后、升职后的几个阶段。

产后抑郁是女性在生产后出现非常严重的抑郁情况，每天睡不着觉，有各种担心、焦虑，还伴有恐惧，害怕孩子和家人会死的恐惧念头反复、强迫性地出现，让很多人陷入无法自拔的痛苦中。婚后抑郁、升职抑郁，把很多人认为的幸福，变成了痛苦。

情绪的自我释放是消除抑郁、减少身心痛苦非常重要的方式。我在以往大量的咨询案例中发现，有抑郁倾向的人都长期压抑和控制情绪，从而导致情绪弥漫性低沉。我做咨询时，更多的是主动刺激和激发来访者，让他们释放长久压抑的情绪。虽然这个过程会有些辛苦，但释放之后就会有得到解脱的轻松和快乐，来访者可以慢慢走出抑郁，恢复正常的生活。

每个人若平时就做自己的"情绪清道夫"，就不会因情绪积压而抑郁了。了解情绪的自我释放步骤，就可以自我清理情绪。

第一，寻找情绪自我释放的机会。当被外界人、事、物刺激时，情绪有波动时，出现痛苦时，就是觉醒和改变的开始，是需要释放情绪的重要时机。

第二，在释放情绪前先跟潜意识沟通。邀请潜意识帮助自己，借这个机会，主动释放、彻底清理自己的情绪。你可以跟潜意识说："今天我已经准备好了，释放这些我不需要的情绪，请你帮忙。只要你觉得辛苦，我们随时都可以停下来。主动释放掉所有不需要的情绪，为的是让未来的生活更轻松。"这些沟通会获得潜意识的有效支持。

第三，在一个安全的空间里，通过"与内心的孩子对话""接受父母"的练习，直接将自己带到最早的创伤点。在源头上释放情绪后，当前生活中的刺激就不会再激发创伤了。外界的人、事、物只是激发创伤的导火索，而创伤源头总是小时候跟父母的关系中存在的未梳理的结点。给自己足够的耐心和充分的允许，在那个点上停留，完成情绪的流动。这样就可以以成人的状态，去拥抱当年幼小的自己，给自己足够的安全感和充分的肯定，赞赏自己坚强的生命力和了不起的、保护自己的能力，就可以更加接受现在的自己。

完美主义者需要另外一种方式接受和爱自己：伸出你的右手放在胸前，轻轻地对自己说："我不完美，但我的明天会更好。"也可以伸出左手，放在胸前对自己说："我深深地、完全地爱和接纳我自己。尽管我学习了情绪管理知识后还会有情绪波动，尽管到现在我还不能管理情绪、还会歇斯底里，但我依然爱自己。"

无论不接受自己的哪个部分，都可以通过以上的练习接受自己。容许自己表达和释放所有情绪，给自己空间完成这样的表达和释放，这都是爱自己的基本表现。有人说："我从来不爱自己，但会去爱别人。"这样的爱太沉重了。不会爱自己的人如果爱别人，只是希望别人给自己想要的爱，那么这并不是真正对自己慈悲和爱自己。

若想培养对别人的慈悲心，先要培养对自己的慈悲。对自己的慈悲，是无论怎样都接受自己；无论现在怎样，都爱自己。因为只有给自己足够的耐心和爱，让自己感觉到安全、被接纳、被包容，才会信任、祝福别人，才会真的爱和祝福自己的孩子。

当你真的想对别人慈悲，就先从对自己慈悲开始吧。容许自己宣泄和表达所有的情绪，允许自己接纳当前的状态、接纳还不完美的自己。

互动分享：

1. 什么是情绪？用你自己的话提炼准确的定义，分享给别人，指导和帮助他人。

2. 人为什么会有情绪？有了情绪怎么办？

（三）帮助他人调节情绪

当认识情绪、了解高情商的标准，学会舒缓和释放自己的情绪之后，你的心里会升起另一种期望：怎样帮助我的孩子、爱人、下属、同事等调节情绪？

当你的情商提高后，你会发现不知不觉间有越来越多的人信任你，渴望靠近你，甚至会说："我也不知道为什么，就觉得你懂我。"他们把你当作知己、知音。这时，你已经开始影响别人、带动别人，你已经变成光、变成太阳，让更多人趋向你、趋向光明和温暖。

这是你完成自己的提升后，自然而然达到的境界。因为你开始觉察自己的情绪，能够及时调节令人困扰的情绪，越来越接纳自己拥有的任何情绪。你心里曾经执着于是非、对错、好坏的二元标准，这些标准在你心里不知不觉土崩瓦解。你不再去评判对错，开始对情绪有更多的包容和理解，开始对所有人有了接纳的能力。这时的你陪伴任何人，都变得非常容易。

帮助他人缓解情绪，有以下四个部分。

第一，觉察。能准确、迅速地觉察他人的情绪。觉察有时就是一种心里的感觉，有时是通过观察对方的表情、眼神、身体语言感受到他情绪的变化。

第二，邀请后等回应。观察到对方的情绪后，不要立即出手帮忙。你越有能力观察或感应别人的情绪，越需要好好地完成这一步：发出邀请，等对方回应。例如，当你觉察到孩子今天非常沮丧，爱人今天非常愤怒，同事非常难堪等情况时，你不可以变成一个好事者，像先知一样直接说："我知道你今天一定遇到了什么事，你现在很难堪、很沮丧、很尴尬、很愤怒，是不是？"

如果你把"聪明"毫无遮拦地表现出来，也许会受到很大的打击。打击之一，是对方会否定你的评判，感觉被侵犯而关上与你沟通的门。甚至对方会很愤怒，不希望被别人窥到自己的秘密。因为他没准备好面对这些情绪，你却把他的情绪公示出来，让他无处可逃。这样会激起他的防卫心理，可能会与你出现冲突，让你尴尬。打击之二，他对你没有信任，也不希望你给予帮助。你主动跑上门，会让对方认为你侵犯了他的界限，会带给对方烦恼，反过来一定会变成自己的烦恼。这就像人们常说的"好心没好报",会给彼此带来伤害。

所以，无论觉察到对方什么情况，都不可以主动迎上去帮忙。你可以试探性地向对方发出邀请，等待对方的回应。如孩子今天回来很沮丧，你可以尝试对他说："我感觉你今天心情不好，很沮丧，是否需要我帮忙?""是否需要我帮忙"这句询问，就是一个邀请，一个给对方做决定、有权选择的机会。假如对方说"不"，你就要等待时机，再一次向对方提出邀请："什么时候需要帮忙就告诉我，我愿意为你做你需要的事。"如果他说"我需要"，你才能伸出援助的手；如果他说"不需要"，你必须尊重他此时此刻的选择。你尊重了他，他才会尊重你，才会信任你，才会在有需要时请你帮忙。

有时候父母很心急，想快速把孩子从某种情绪状态中带出来，让他乐观一点、积极一点。假如不尊重孩子，太快地把他从某个状态中拉出来，可能会剥夺他体验这份情绪的机会。他没有在这个过程中学习到该学的东西，像一只还没能力自己啄破蛋壳的小鸡，被人为地敲破蛋壳，丧失了自己成长的体验。所以要等着对方求助，他愿意请你帮忙时，再去帮助他。

帮助是什么? 当对方伸手求援时，你伸手相助，这叫帮助；而对方没有伸手你就出手，这叫干涉、打扰，是对别人的妨碍。现在你开始明白，为什么自己那么不招人待见，可能就是因为经常干扰别人、打扰别人，没有尊重别人的界限和成长的需要，没有尊重别人发出邀请的权利。邀请后等待对方的回应，对方愿意求助，你才走第三步。假如对方没有回应，你就要停下来等在旁边观察他、尊重他、信任他、祝福他，这是你唯一可以做的。

第三，引导觉察，接受分享，给予肯定。假如对方需要帮助，你可以通过自己的语言、身体动作，帮助他觉察情绪状态。比如询问他："我看到你脸通红，听你喘气的声音很粗，感觉到你此刻情绪起伏很大，是吗？"你把你观察到的像照镜子一样反馈给他，由他来做决定。也许他会说："是的，我觉得很烦。"你可以帮助和引导他释放情绪，然后继续邀请："遇到什么事让你有这么激烈的情绪？愿意跟我分享吗？"

对方也许愿意跟你讲。你也许可以从中发现他的经验不足，可以如实对他说："当你这么做的时候，你感觉到了什么？这个过程让你学到了什么？我能理解你的心情，我能感受你的情绪，你在这个过程中还有什么反应和感受？"你可以通过提问，帮他悟出这个事情的影响或者意义，把他从沉浸的情绪中慢慢带出来。

第四，帮助策划。当你上面的沟通有效时，可以走到策划这一步："假如以后再遇到这种事，我猜你会有很多不同的做法，你以后会怎么做？"他已经舒缓了情绪，开始回归理性，愿意进行后边的思考："这件事我学到很多，我自己也做得不好，以后我要……"至此，这件事对他的意义已经最大化，他已经收到经验的礼物，非常完美地给这件事画上了句号。

除了语言表达，你还可以根据实际情况，用无言的陪伴、拥抱，用手安抚他的肩膀等方式帮助他完成情绪的宣泄和表达。

舒缓他人的情绪，最重要的是先处理他的情绪，其次才是处理相关的事情。不要一上来就说："发生什么事？为什么这样？你应该……"要认同他所有的情绪，允许他情绪的发生和流动。告诉他想做什么都可以，这会非常有效。

有个妈妈，在课堂中学了这些后，在孩子哭闹时，她只是告诉孩子："哭是可以的，妈妈爱你。"几次之后孩子就得到很大的安抚，情绪越来越平静。有一次她在单位受了委屈，回家跟爱人分享时，忍不住大哭起来，情绪非常激动。小女儿走过来，摸着她的头，拍拍她的肩说："宝贝，哭是可以的，闹是可以的，你是被允许的，我爱你!"

这个妈妈说："女儿只有3岁，用这样的方式安抚我时，我感动得无法言语。突然发现，我内心里积压了几十年没有表达的情绪，全部宣泄了出来，以后我的情绪就慢慢变得平静了。"当你可以这样对待别人时，别人也会这样对待你。爱就是这样流动的，当你被允许、被爱了，你就可以分享给别人你的爱。

互动分享:

1. 帮助他人舒缓情绪，可以用哪几个关键词来总结?

2. 处理自己和他人情绪的方法有哪些相似之处，有哪些不同之处?

| 第三章 |
你的世界观，你的育儿观

一、世界观与价值观

（一）拓宽你的世界观

本章将从全新的视角去认识和处理亲子关系。我们不妨把目光从孩子和自己的小家移开，去看看自己生活和生存的整个世界，主动地跟外在的世界进行连接。

学习和成长的本质是拓展自己、拓宽视野，转换观察的角度和自己的位置。一个人只有知道自己真正是谁，知道自己生活在哪里，知道怎样跟外界互动，才能感受得到外界的支持，并获得更多的资源和机遇。在完成自我成长和疗愈后，我们可以拥有更宽广的视野，更好地引领孩子成长。

世界观是指对世界的认识和看法。当你读到这里，请静下心来问问自己："我是怎样看待和评价这个世界的？"请将头脑中自然跳出的词组和词汇记录下来。这些词汇反映了你对世界的看法。

接下来从五个角度探索和思考，拓展你对世界的看法。

第一，感受一下，作为地球上的一个普通人，你看世界的角度是怎样的？是平视、仰视，还是俯视？你认为你和世界是平等的，还是世界被你仰视，或者你俯视着这个世界？

第二，你评价世界时内心的感受是什么？回顾你前面记录下来的词汇或词组，感受每个词所代表的能量是低频还是高频的。有人说世界是恐怖的，不公平的，这里面隐藏着一种对抗情绪；有人认为世界跟他没关系，从来没注意到世界的存在；也有人认为："我在世界中，我爱世界，世界支持了我，我回报世界。"我列举的这三种可能性，是为激发你细细品味自己写出的每个词背后的态度。

第三，你认为世界的色彩和画面是怎样的？当你闭上眼睛想到这个世界时，头脑中浮现的是什么色彩和画面？色彩是明亮的，还是暗沉的？画面是以景物居多，还是以人物居多？

第四，问问自己，目前为止对世界的看法是从哪里来的？是来自父母，还是来自你生命中的其他成人？是来自书本，还是来自网络或以往的生活经验？在这些来源中，哪些对你认识世界的影响最大？

第五，当我说到对世界的看法时，以下哪些看法对你有触动或能与你产生共鸣？第一种看法是"世界是为我服务的，我理所当然地要享受这些服务"；第二种看法是"世界应按我的期待呈现，现在的世界没按我的期待出现，我有很多不满"；第三种看法是"我之前都没注意到世界的存在，好像我跟世界是隔离、分离的"；第四种看法是"我一直都活在自己的小圈子里，世界太大、太遥远了，跟我无关"。

仔细想想，这四种态度哪一种跟你比较相似？

曾有位同事跟我聊天，说他注意到一种现象，很多女性，只在乎化妆品、服装、吃、穿、用等，不能与她们讨论政治、国家或世界。你跟她聊时事新闻她都一脸茫然。那些天天跟孩子打交道的妈妈们的世界太小了，怎么能引导影响孩子去正确认识世界和面对未来？他的话深深地触动了我，他在妈妈的世界里看到了孩子的世界。

我曾为一个留学法国的学生做过咨询。他一直被教育"为自己而活"，他的成绩非常好，但缺少跟外界的互动。他刚到法国时，陷入害怕、纠结的情绪中不能自拔，无法应对全新的、变化的环境和世界。他没办法继续读书，只能中途退学，回国接受心理辅导。

这样一个优秀的"学霸级"学生，却生活在茫然和恐惧中。我引导他不能局限在自己的小圈子里，要打开自己的眼光，去看更宽广的世界。慢慢地，他的眼神开始从茫然变得聚焦，他开始跟外界环境连接，可以注意到咨询室外的绿叶、草地，变得充满力量。他愿意跟我一起探讨，如何从现在开始，跟这个世界建立连接。

这是身体上走向世界而心理却闭塞在小我里的孩子，像他这样的孩子并不是少数。很多被教导"照顾好自己就可以了"的孩子们，往往忽略了世界。因为许多父母也忽略了世界的存在，只把孩子圈在眼前，让他们越陷越深，不能自拔。

希望我介绍的这五个看待世界的角度会对你有所触动。

请在笔记本上描绘现在你心里的世界是怎样的？内心关于世界的画面是什么？你跟世界的关系又是什么？而这些问题的答案与你之前的有何不同？

互动分享：

请分享你心中的世界的画面。

（二）了解孩子的价值观

假如你的世界观主要受到父母对你的影响，那么你今天对世界的看法，也在潜移默化地影响着你的孩子。你的孩子将与世界相融还是对立？你的孩子渴望得到世界的支持和资助，还是对世界漠然以待？你的认知都会影响他未来的人生。

当你在拓展自己的世界观时，不妨悄悄地观察一下孩子，与他做个交流。他是怎样认识和看待世界的？他和世界的关系又是怎样的？孩子的世界观在父母的影响下逐渐形成，孩子价值观的形成也受父母的影响和推动。

什么叫价值观？价值观就是自己认为最重要的，是被推动做某件事或者被阻碍做某件事背后的动力。每个人会被自己内心所认为重要的动力推动着去做某件事或不做某件事，大到事业、人生的选择，小到晚餐选择哪种食物。

很多父母在繁忙的工作和生活中，也要抽出时间听我的网络课程、读这本书，这是因为："这个课很重要，太有价值了，可以帮到我，让我不断成长。"因为有这么多价值，满足了你目前为止最在乎的需要——你最在乎自己的孩子和家，你愿意为此好好学习每节课。而这些事情就是你的价值观推动你去做的。

每个人，包括孩子，选择做某件事或者不做某件事，都是由内心的价值观推动决定的。孩子们看电视、玩电脑游戏非常积极，却在写作业时磨磨蹭蹭、不情不愿。这是因为不同的活动符合或违背了孩子的价值观。

你的孩子是否非常认真地问过你："爸爸妈妈，请告诉我，为什么要读书?"你是怎么回答的？他对你的回答满意吗？听了你的回答，他是否铆足劲儿去学习了？孩子有时候好像有推动力，有时候又完全没有，是吗？你有想过，孩子最在乎的价值到底是什么吗？父母怎样做，才可以了解孩子在乎的价值，用孩子在乎的价值去推动和影响他？

在介绍孩子在乎的价值之前，要强调一个非常重要的问题：每个人有自己看问题的角度，每个人有不同的价值观。父母在乎的价值不一定是孩子在乎的。当你回答孩子"为什么要读书"时，你的回答不外乎是：读书，就是为考大学；考上大学才能找个好工作；找了好工作，将来才能组建好的家庭，才能有幸福的生活。这些是你认为的关于读书的价值。但是孩子是怎么看的呢？他们反问："我现在生活就挺好，有吃有喝，为什么还要读书？"

你也许会说："我不能照顾你一辈子，等我老了你依靠谁？将来社会环境不知道变得多残酷，你不读书哪里有出路？"

你这样说，孩子看似听懂了，实际却不以为然。他们生活在这个舒服、富足的环境，对于你描述的未来悲惨的可能，他们没感觉，也不相信，不会为之所动。所以你的价值观无法推动孩子的行动。

父母跟孩子的价值观有天壤之别，大部分父母都活在生存恐惧里。中国真正富起来是从30年前开始，大部分成年人心里潜藏着非常深的生存恐惧：人太多，没有吃的，要竞争才能生存下来。父母把自己潜藏的恐惧以威逼利诱、恐吓的方式告诉孩子："只有好好读书才能生存下来，才能过好生活。"但对于生活在物质富足年代的孩子们来说，这如天方夜谭。

父母必须了解孩子们在乎的价值，才能懂他们的需要，才能在此基础上有效地引导他们，在现有的学习和生活中找到自己的需要、创造自己的需要。马斯洛的需求层次理论像一个金字塔,最底层是人的生理需求,第二层是人的安全需求,第三层是社交需求,第四层是尊重的需求,第五层是自我实现的需求。越底层越基础、具体,越物质化,越上层越精神化和抽象。当孩子基本的生存、安全需求被满足后,更在乎情感层面的刺激、新鲜、价值感、意义感。父母用生存恐惧,把孩子的需求层次拉到最底层,用最底层需求推动孩子,这样对孩子的成长没有帮助。

了解一个人的价值,跟了解一个人的生存需求一样,先要看到他所在乎的,然后去满足他,才能推动他前进。假如不断用惩罚、说教、恐吓逼迫孩子,只能让其逃离学习,怎么可能让孩子爱上学习、主动学习呢?

我曾给一个二年级的女孩做过咨询。她跟妈妈反复说:"上学不好玩,我不想上学。我只爱读书。"她不想上学是因为在学校很紧张,很恐惧,不好玩;而读书可以学到很多新知识,很好玩。所以她请求留在家里读书,不想上学。妈妈无奈之下,带她来做咨询。

了解到她最在乎的事情是是否好玩和是否有新鲜感,我跟她做了一个好玩的角色扮演游戏,带她体验怎样在学校做好玩新奇的事情,过有意思的生活。当她发现在学校也可以做很多好玩、有趣的事情时,她立刻就做了决定,要做个聪明的学生。然后她主动要求回学校读书,现在她已经上高中,是个快乐的优秀的学生。

了解了孩子的价值观后,你会有茅塞顿开的感觉。原来自己过去逼迫孩子学习是无效的,因为没找到他在乎的价值点。既让自己辛苦,又让孩子被动。只要用孩子在乎的价值推动,把孩子对电脑和电视的乐趣,转换和迁移到学习中来,就可以让孩子爱上读书、爱上学习。

知道了孩子在乎的价值后,怎样能更有效地帮助他在学习中创造他所在乎的价值?这是对父母最有挑战的事。因为很多父母自己当年学习也是被迫的，会认为孩子学习被动也是应该的。

很多主动购买我的网络课程的父母常会开玩笑说，当年若是用这样的精力学习文化课，一定会考上北大清华的。是的，你不再为生存而听课，而是被课程全新的内容和技巧强烈地吸引，主动找时间听课、做笔记。自发自觉学习的乐趣远超过被逼迫学习时的乐趣。

有些父母，是被别人推动着购买了网课，还有些父母是别人送的课，他们因为没有明确自己在乎的价值，没有真正在课程中认真学习，所以收获并不大。所以父母是否真正主动自觉地学习，取决于所在乎的价值是否得到满足。而当父母会主动自觉地创造学习的乐趣时，他们才会引导孩子主动创造学习的乐趣。

互动分享：

1. 你的孩子最在乎的价值有哪些？

2. 请分享你学习的理由。

3. 电脑游戏满足了孩子的哪些需要和价值？你如何在孩子学习中创造这些要素？

（三）孩子的天赋与使命

父母们了解了孩子在乎的价值后也许会无从下手，因为自己的孩子跟其他孩子非常不一样。这是个令人奇怪的现象：在孩子小时候，父母希望自己的孩子跟别人家的不一样。例如，人家的孩子12个月大时才学会走路，自己的孩子在8个月大时就学会走路，父母会特别开心。但当孩子上小学后跟别人的孩子不一样时，父母们就会产生恐惧和焦虑。比如，父母们经常听到老师告状："你的孩子不听话、太好动、不专心听讲。"这些情况会让父母们瞬间慌乱失措。

解决父母的困惑，要换个角度了解孩子。而在了解孩子前，先要了解自己。所以，请静下心来，郑重而认真地思考。你此生为何而来？不管你现在几岁，也不管你今天担任怎样的职务。请用一只手按住胸口，问自己的内心："我此生为何而来？"

感受自己的反应是怎样的？自己是比较愕然的，从来没想过这个问题，还是很坚定地马上回答？或者在茫然中："我也不知道为何而来。反正活了半辈子了，每天被生活推着走，从来没思考过为何而来。"

假如你没办法非常明确地回答这个问题，那么我要提醒你的是，你可能很难影响和正确引导你的孩子，让他活出自己的潜能，活出自己的生命状态。为什么呢？因为你从来不思考这个问题，你就没有办法在引导孩子时，把你的人生经验分享给他。你就会把你认为的生活用你的经验传达给他，告诉他要好好学习，找一个好工作，组建一个家庭，然后好好活下去。你会把自己的人生经验直接分享给孩子，让孩子过跟你一样的生活。

可是出生在90年代、00年代、10年代的孩子，有着跟父辈不一样的人生，因为他们带着非常鲜明的个性来到这个世界。准确地说，不只是这一代孩子，所有的生命都是独特的。可是"90后""00后""10后"出生在物质非常丰富的时代，他们精神上的独特性会更加明显，与"60后""70后""80后"的父母相比有很大的不同。孩子们带着非常鲜明的天赋和使命来到这个世界，需要父母的带领。

什么叫天赋？天赋就是人与生俱来的自然禀赋，也是天生的优势，是很多人在某方面天生就有很擅长的能力。每个生命都在某方面有天生擅长的能力或者对某些事情有极大的热情。如果有天赋者后天被发现并被重点培养，就可能成为某个领域独特的天才、领袖，或是号召者、榜样。假如这些天赋未被发现，被埋没、被忽略，那么即使具有天赋的人也可能会在生活中处于非常平庸的状态，没办法被激起热情，会非常被动、消极地生活。

那什么是使命呢？使命就是指一个人来到这个世界所肩负的重大的责任。每个人来到这个世界都有一份责任。

接下来我分享几个案例，方便大家熟悉和了解天赋和使命这两个概念。

在山东济南，一名学员朋友家的儿子从小喜蜈蚣、蚂蚁、蜘蛛等动物。儿子的这一喜好让妈妈觉得很恐怖。妈妈一度非常困惑，曾经跟我聊起这个情况。我看到这个孩子对生物有着独特的兴趣，也许他有着对生物的独特的天赋，便建议他妈妈要跟他多交流，了解他在其中的乐趣。

后来妈妈学习了"亲子导师班"课程，开始欣赏、陪伴自己的孩子，不断鼓励孩子跟她分享对生物的乐趣。孩子越来越专注，他买了很多种类的蚂蚁，观察蚂蚁，看关于蚂蚁的书和资料。他还跟妈妈分享蚂蚁的世界，分享蚂蚁是怎样分工和相互合作的。通过观察蚂蚁，他感受到了人和自然、动物和自然的关系；了解了人如何活着，才能更好地适应世界、奉献世界。孩子在其中发现，有很多哲学思想在动物世界中也是可以被印证的。

后来这个男孩受山东省一个出版社的邀请，撰写关于"蚂蚁的世界"的科普读物。这个男孩的乐趣，早早就让他在同伴中脱颖而出。听说他后来又迷上了天文，最近又疯狂地爱上了哲学，他像个饥饿的人扑在面包上，完全专注地投入在了解这个世界的所有学问中。他未来的世界，会因他小时候的天赋和乐趣，有着怎样的与众不同呢？

还有一位是参加过我的"唤醒少年动力营"课程的女孩子。她喜欢写小说编故事，常在网络上写小说。她写的小说有非常高的点击量，慢慢地，她成了非常有名的网络写手。当有了第一笔金额比较大的稿费收入后，她花了18万元为妈妈买了一个品牌包，作为生日礼物送给妈妈。

她妈妈收到包后被吓到了，问她哪来这么多钱。她说："我把自己爱编故事的天赋，用我的笔表达了出来。"她妈妈说："这个好消息要不要告诉吴老师？"她说："不要，等我赚够50万了，我再跟吴老师讲。"听到这个消息，我很感动，孩子多么爱妈妈，她还没有50万元，可她愿意拿出18万元为妈妈买包。这背后有她的自信，她自信还可以赚到更多钱，也有对妈妈非常深的爱。

第三个案例，是一个学员的15岁的孩子，在数学方面很有天赋。他父亲把他送到一个做投资理财的研究所，请老师开发孩子的数学能力。半年之后男孩就成为股票分析师、投资理财顾问，开始走一条不同于其他同龄人的路。

这三个案例也许让你惊叹。你有没有联想到自己的孩子有什么天赋呢？

天赋一般包含语言（包括口头语言和文字语言）、音乐、运动、空间想象力、自我认识能力（善于自省，善于自我观察，善于哲学思考）、认识他人的能力以及数学逻辑能力等七种。

请先好好观察你自己，你有哪些方面是没学习就与别人不同、很容易做得出来、很容易稍加努力就比别人做得好的？这是你要先做的一件事，观察自己的天赋，然后观察孩子的天赋。

你在观察孩子的天赋时，要看到孩子的独特性。所谓的独特性，是除却个人成长环境因素外，每个人与生俱来的区别于其他人的特点。不能用大部分孩子的标准去衡量和要求自己的孩子，每个人随时随地都在变化，每个人随时随地都在跟外界的互动中，表现出自己独特的风格和特色。所以父母真正要做的，就是善于发现并接受自己孩子的独特性。

怎样发现呢？

第一，要用心去观察。观察你的孩子跟同龄的伙伴在一起时，在哪些方面与众不同。这个与众不同往往是没学就会，或者同样都学但他更容易脱颖而出的。要观察他的特长、兴趣，观察他在哪些方面有比较大的热情和积极性。

第二，要给予孩子及时的肯定。每当孩子表现出自己的独特性，你不要恐惧和担心孩子跟别人不一样，而是要告诉他："我发现你跟其他孩子不同。我发现在某方面，你很容易就做得好。"要随时随地肯定孩子，帮助孩子了解自己，发现自己的特长。

第三，孩子小时候不懂得区分自己的状态，父母的肯定会强化他在某方面的优势，这样就可以培养他的自信，这部分天赋就可以越来越主动地在生活中运用。

当孩子的天赋被看到、被认可后，父母要引导他用天赋去实现自己的使命，这样孩子就更容易实现自我价值。也就是说，当一个孩子发现自己的天赋，懂得用天赋去实现使命时，他会更容易成功，更容易获得与众不同的收获。

第四，你观察到孩子的独特性后，应给他提供独特的训练机会，让他的天赋有施展的空间和强化训练的机会。每个人都希望自己是一个有价值、有存在感、有存在意义的人。当一个人知道自己的所长，可以用特长承担使命，为别人服务、为社会服务时，会变得真正有力量、有自信、有价值！

互动分享：

1. 请好好观察自己，发现自己的天赋。

2. 观察孩子，无论他几岁，请细细观察他的天赋。

（四）实用技巧：责任与承担

父母常常对孩子不满意，觉得孩子从来不主动承担责任。怎样引导孩子承担自己的责任呢？仅靠说教是无效的。你可以通过几个思维技巧，回到承担责任的主题，让每个人都足够成熟，对自己真实，也对社会、对世界真实。

在引导孩子承担责任之前，父母应先了解自己的责任。这些技巧都是简单的问题，如果能够背下来这些问题，变成自己的思考习惯，会发现承担责任是很容易的，问问题的过程是可以增强自信的过程。

第一，问一问自己：每天从起床到睡觉，都在忙什么？

假如你头脑中快速闪现一些景象、一些词，请记录下来，如起床、做饭、叫孩子起床，以及送他上学、回老师电话等。把你做的所有事，全部记下来，看看从早到晚你到底要做哪些事，要做多少种事。

第二，问一问自己：在每天都重复做的这些事中，哪些事是属于自己的？哪些事是属于其他人的？哪些是属于"老天"的事？

所谓自己的事，就是你要自己承担责任的事。吃饭、刷牙、洗脸、送孩子上学，以及情绪的管理、身体的健康、工作等都是你自己的事。在自己的事情旁边画符号"—"，在他人的事旁边画符号"+"，以区分自己的事和他人的事。

第三，哪些是"老天"的事？"老天"是一个象征，指父母、领导、国家、政府、道德舆论、法律、自然界中的天气变化等，都是我们管不了的。凡是先于我们而存在、级别高、已存在的力量都属于"老天"的事。

问一问自己：面对不同的事，怎样的处理方式才比较恰当？处理自己的事要百分之百地尽力，他人的事要百分之百地尊重，"老天"的事要百分之百地接受。我做得到吗？做得怎样？效果又如何？

有人说过一段有哲理的话："这个社会中的每个人的痛苦来源于用99%的精力去做他人的事和'老天'的事，剩余1%的精力，做了自己不该做的事。"不知你是否也是这样？

第四，问一问自己：此时此刻我是谁？我想要什么？我正在做什么？我正在做的与我想要的是什么关系？这是自我管理的"四问"。

每个人在生活中都有不同的角色，比如作为妈妈、员工、父母的孩子，或作为顾客、路上的行人……在这么多的角色中，需要承担不同的责任，很多人会觉得压力太大，往往顾此失彼。若要有效地承担自己的责任，需要在每个当下问自己：此时此刻我是谁？我这颗多面的钻石在这个当下，是哪一面呢？

这个练习需要有随时随地的觉察力，通过内心的对话，在每个当下明确自己的角色定位，了解自己内心渴望的目标，然后觉察自己的言行状态，及时调整与目标不相符合的言行。

例如，在一个场景中：

下班回家，我的身份是什么？是孩子的爸爸/妈妈。

我想要什么？我想要一个和谐幸福的家。

我正在做什么？我突然变得歇斯底里，对孩子吼叫，忍不住打骂他。

我快速地觉察到，我正在做的事跟我想要的相反，那怎么办？在心里暗示自己：我想做个好爸爸／妈妈，要立刻停下这种无效的行为。

做几个深呼吸，用舒缓情绪的技巧，先处理自己的情绪，让自己平静下来，再以一个有爱的、平静的爸爸／妈妈的身份，出现在孩子面前。

这就是情绪调节练习的运用过程。在单位、家里，有随时随地自我觉察的能力，就可以随时管理自己的言行，让身、口、心都在自己的管理中。

人们从小到大习惯了指责别人，把不满意归咎于其他人。走在路上不小心撞到人，会怪对方不看路；孩子学习不好，会怪孩子不用心。若只把责任归于其他人，把错误交给其他人承担，越这样做自己越痛苦，与他人的关系越紧张。若要从痛苦中解脱，必须从现在开始，增加自己的觉察力，才能承担自己生命的责任。

承担责任有四句话，可随时随地运用，你会发现自己承担生命责任的能力骤然提升。这四句话是"对不起""请原谅""谢谢你""我爱你"。对谁说？对自己说，对所有你不满意的人说，对你生命中所有想和他改善关系的人说，用这四句话来承担自己的生命责任，让自己不再逃避。你一定会有惊喜的发现！

互动分享：

1.帮孩子列一张他的生命责任清单。

2.分享你和孩子承担自己生命责任的故事。

二、学习宇宙法则

(一)教给孩子的宇宙法则

父母们常说:"孩子,我不需要你考试考多少名,只需要你会做人,你要先做个好人。"但是,如何引导孩子做个好人?好人的标准是什么?大家众说纷纭,给出的答案不过是个人经验的分享,不会超出个人生命的局限。

怎样才能突破自己的经验局限,告诉孩子,遵循被称为"道"的规律去做一个好人。

有一位让我非常敬佩的父亲,他被称为精神导师,是一个有力量、有智慧的引导者。他在孩子四岁时就开始做两件事:第一件事,引导孩子,让孩子每天都有时间静坐和冥想。第二件事,他反复跟孩子说这几句话:"我不要你们担心如何谋生,也不要你们费尽心力去表现自己的优秀,也不让你们费尽心力拿第一或考进名牌大学,不要你们做任何讨好别人的事。我只需要你们每天都问自己,如何造福其他人?每天都要扪心自问,你独特的才能是什么?爸爸相信,你有别人没有的独特的才能,你可以用别人没有的独到的方式展现你的天分。"

这位了不起的父亲,用这样的方式带动他的孩子,告诉孩子世界是怎样的,宇宙的法则是怎样的。结果这个孩子在很小的时候,就实现财务独立;也给自己选择了合适的大学,获得了优异的成绩。这位父亲用了最小的力,教会了孩子做人要顺应宇宙的法则。

这位父亲是狄巴克·乔布拉,他为孩子写过一本《福至心灵——宇宙制胜的七大法则》。很多年前我看到这本书，被这位父亲的智慧深深地震撼，并不断思考他分享给孩子的宇宙的七大法则。我在给父母们开设的"爱的自由""亲子导师班"课程中，和给孩子们开设的"唤醒青少年动力营"课程里，用各种方式把七大法则分享给父母和孩子们。他们惊喜地发现，人们在了解宇宙法则后，会变得更加主动、更加积极。尽管最初会感觉这些法则抽象，离自己很远，可当把这些法则种进内心，让智慧的种子慢慢地在生命中滋养、发芽、开花结果时，每个人都会非常喜悦地感恩这份分享，感恩法则把自己带到一个更富有智慧的角度去理解生命的意义，了解生命跟世界和宇宙的关系。

作为父母最重要的是能引导孩子了解宇宙法则，让孩子有更宽广的胸怀和视角，懂得"道"，顺应"道"的方向。这样孩子就会非常容易汇入宇宙万物的主流能量里，与高频能量共振。

让孩子们知道如何顺应法则、顺应规律，在无垠的宇宙中，更自在喜悦地生活，是父母共同的心愿。父母要做孩子的精神导师，做孩子的精神偶像，为了孩子，必须把自己的视野打开，将自己放到更宽广的宇宙空间里。

下面，我将介绍七大法则的含义及在生活中运用的技巧。

第一，纯潜能法则。是指世界的本质存在是发展变化的、有能量的。所以，一切皆有可能。

世界本身有无限的可能，有无限的创造空间。借用《道德经》的说法，宇宙本身是无极的，是在有无之间被创造出来的。所有的有无相生，都是因缘聚合而成，所以世界具有一切可能性。

在生活中怎样运用这个法则呢？

1. 要经常保持静默和冥想。只有让自己静下来，才能够感受得到创造的源头和无极本身蕴含万物的能量。

2. 不评判任何事，对发生的所有事都接受。

3. 定时与大自然交流。在大自然中，更容易感受到纯潜能法则。

第二，给予与接受的法则，也称舍得法则。宇宙的能量是流动的，己之所欲则施于人，一切能量都在不断地接受和给予的过程中流动。宇宙的运行动态，像我们身体里的血液和呼吸一样，每一刻都进行着循环流动。除了血液是流动的，金钱也是流动的，人与人的关系也是流动的。

如何运用这个法则？你可以随时随地把物质、精神的礼物送给所有遇到的人，包括微笑、一句美妙的语言、内心欢喜的能量，也可以是手里的一份小礼物，随时随地都可以将这一切馈赠给身边人及存在的万物。你还可以心怀感恩，接受所有别人给予的礼物。当你会接收时也会施予，收和施是动态的。

第三，因果法则。大家熟悉的"种瓜得瓜，种豆得豆"是大自然的规则。每个人每天所感受到的一切，也是以往付出的结果，是种子种下之后所得的果实。

因果法则提醒我们，要有意识地在每个当下选择自己的想法、说法、做法。把过去的本能反应转化成主动的选择，从过去的无意识转化成有意识的决定。要选择需要的"因"，在未来得到渴望的"果"。

第四，无为法则。观察大自然时发现，大自然有一个不费力、无阻力的生存现象，花草不费力就会长出来，大树不费力就会落叶和结果。大自然中的一切植物，按照自然节气，自然变化。无为法则在现实生活中的运用，体现在以下三点。

1.坦然接受。无条件的爱和源源不断的能量,让人们生活在一个不费力、没阻力的状态。我们如何做?唯有坦然接受这世界存在的一切,不抗争。

2.承担责任。现在自己所经历的一切,都是自己曾经种下的"因"所得的"果",承担自己的这份责任。

3.不对抗。不是用防卫状态与其他生命对立,而是在每个当下都说"是的"。融入当下,放下内心的信念、价值,和当下一切相融合,就可以顺流、无为。

第五,意图和愿望法则,也叫吸引力法则。 人将意念和想法释放给世界和宇宙,会创造出现实。注意力所到之处,就是能量聚集之时。在拥有无限可能性、无限潜能的宇宙里,以不断释放的想法和念头为因,与缘相聚合,变成现实。

前文曾说父母不要对孩子心怀内疚,因为所有的担心、内疚都会在无限可能的宇宙中呈现出我们不希望见到的事实。潜意识不会处理"不",只会因担心聚集能量而显现为现实。当你把注意力放在担心的事情上,会出现不希望见到的事实。这就是意图和愿望法则。

怎样适应意图和愿望法则?

1.经常保持放松,连接高频能量,摆脱担心和内疚情绪。

2.随时随地地学习,正面表达愿望,不说"不怎么样",要说"是……要……"

3.把自己所期望的目标列成一个清单。带着足够的喜悦和爱,把目标释放给宇宙,向宇宙下订单。

第六,超然法则。 超然法则提醒人们,放下对结果、细节的执着,信任宇宙会用特有的方式呈现结果和一切可能性。这来源于对无常规律的信任。

第七，达玛法则，也是使命法则。每个生命，都有自己独特的使命，有自己存在的理由，把这个理由找出来，就是寻找和发现使命的过程。

狄巴克·乔布拉不断跟孩子讲："你有存在的理由，你真正要证明的就是你为什么存在于这个世界，你可以为他人付出什么？"这就是每个人生存的价值和意义。每个人都可以去寻找真我，不断训练和展现自己的才能。能从这三点出发时，就是在实现和顺应达玛法则。

互动分享：

自己先完成以下三个问题，再分享给孩子，与孩子一起完成探讨。

1. 我有什么样的能力？

2. 我可以为他人提供什么服务？

3. 我要怎样帮助他人？

（二）宇宙之道的因果法则

提到因果法则，就会想到"种瓜得瓜，种豆得豆"。这是因果法则的自然呈现。

每个当下你的所想、所言、所行，都会成为一个因，待缘相聚而结成果。我们必须非常诚实地面对这个事实，今天的生活不是由别人决定的，而是由自己创造的。我们不可能在春天种下西瓜种子，却在秋天收获苹果。这是自然界的法则，也是人类世界的法则，用来解释每个人的言行产生的力量，都会以相同的方式返归于自己，这就是因果。

懂得这个法则后，如果希望自己活得快乐，就必须学会播种快乐的种子。假如希望孩子将来有丰盛、幸福的人生，就要帮助和引导孩子现在种下丰盛和幸福的种子；要让自己建立一个新的、符合法则的生命习惯，有意识地选择自己的一言一行一念，不再盲目、茫然地跟随自己的本能和习气去过每一天。懂了因果法则，第一件事就是要学习有意识地选择每个当下说什么、做什么、想什么。

回顾今天之前的生活，你满意吗？你的情绪的主旋律是喜悦、平静、快乐，还是焦虑、烦躁、无奈？

假如是焦虑、烦躁、无奈的情绪更多，是因为之前种下很多焦虑和无奈的种子。你认为不满意的生活其实就是自己在无意识中创造的，以往自己不懂得，也没办法去选择和管理自己的所想、所言、所行。

此刻再问自己："我想要什么？"假如想要更好、更丰盛富足的生活，又怎样在当下种下丰盛富足的种子？请细细体会以下几个场景。

有个人过来打你一拳，以往你会有什么反应？你可能会被激惹，可能会打回去。他打你一拳，你还他一拳，对方会继续跟你打下去。你们可能两败俱伤，变成仇人，无法再友好相处。

另一种可能，某人打你，你选择平静地躲开。这算是种了一颗新的种子，不打回去，有意识地选择："他打我，也许曾经我也用这样的方式伤害过其他人，这个'果'我要承受。被他打完后，了却因果，让下一次不再受同样的'果'。"主动选择种平静的'因'，不再带着怒气和怨气，未来收获的将是平静。

有一个场景是：有人恭维你，你本能的反应可能是开心、得意，喜笑颜开。你非常享受别人的恭维带给自己的满足和愉快，甚至为了再得到这份满足，不自觉地去做迎合别人需要的一些行为，为别人而做，而不是忠诚于自己的心而做，因此种下了离自己的心越来越远的'因'，"只为别人活，没为自己而活"。

另一种反应是，别人恭维你，你不为所动，淡然地说："实际不是那样的。"或者说："谢谢。"没有大的情绪起伏。你知道自己并不像别人说的那么好，也不像别人说的那么差，只是平静地做自己。

本能反应和有选择的反应，有天壤之别。从本能反应转为主动选择的反应，需要有敏锐的觉察力、转换和选择的能力。

适应因果法则，要学习有意识地选择自己的言行，问自己想要什么，问当下自己怎样做才能得到想要的东西。对于过去的因而所得的果，首先要主动偿还和接受。其次，把今天面临的果，转化为学习经验。

因果法则最高的境界是超越因果。怎样才能超越因果？不断进入沉思、冥想、修炼的状态，进入开悟境界，在喜悦和爱的能量状态中创造更美妙合一的因，感受更美妙的果实。

因果法则需要承担因果、重新种因，主动、谨慎地选择自己生命中的每条路，承担自己的责任。当从这个角度了解因果，承认是自己"种"了自己的人生，就会主动地修炼自己，有效地帮助和指导孩子。

比如，孩子说某某同学欺负他，以往你可能会让他打回去。现在经过学习和内修，引导孩子从因果角度去看待事情，询问孩子被欺负的原因，引导孩子反思是否是自己的行为让对方感到受伤。如果有的话，对方的行为就是孩子自己曾经种下的因带来的果。

果已成熟，曾经的因果关系就结束。若此时又欺负对方，种上新的因，冤冤相报何时了？父母可以跟孩子讨论，怎样在每个当下对其他的同学善良，不对别人有歧视，不对别人生傲慢的念头，也不主动侵犯别人。如果做到这些，孩子就可以种下一颗又一颗和平、善良的种子，未来就会收获无数善良的果实。

当然，说教容易，作为父母，要先觉察自己曾经的因果，修正自己的种子。在日常生活中，你可以常常问自己："快乐的时候多，还是痛苦的时候多？接下来要过怎样的生活？怎样让自己从想法到言行，都种下自己所期望的种子？"

这些自问就是修炼自己心性的过程，是觉察、选择、主动承担责任的过程，帮助自己一言一行都变得更加符合宇宙法则。

互动分享：

跟孩子讨论因果法则，一起分享"种瓜得瓜"的故事。跟身边的人分享如何把过去的因果进行转化的学习经验。

（三）宇宙之道的平衡法则

宇宙的平衡法则是不左不右、不走极端、不执着于某个点，找到一个平衡适度的方向。这实际与中国传统文化、传统哲学中的"行于中道"相似。

人们往往会不知不觉走极端，很多人在言语表达中常用词极端，比如常说"必须""只能"等。面对具有无限可能性的宇宙，他们在说"只能怎样""必须怎样""唯有怎样"时，就容易忽略平衡法则。

人类的身体渴望平衡，内心也渴望平衡和宁静。经常处在紧张、焦虑、恐惧情绪里，是已经精神失衡的信号，而失衡到比较低频的能量状态里，一定是有些东西想得而得不到。情绪失衡时，很多人在饮食、运动、工作、与他人沟通等方面容易受到影响。一个处于焦虑、紧张、恐惧状态的人，在饮食上会感受不到食之美；可能不喜欢运动，不能享受运动时的放松、舒适；工作中也可能容易发火，容易有挫败感；在与他人的沟通中缺少耐心，易暴躁。

人在偏向于极端、失去平衡时，容易使自己身心失衡、家庭关系失衡、外在关系失衡，形成一个循环反应。这个循环反应像个雪球，越滚越大，让你麻烦越来越多，非常被动和混乱。

想让自己找到平衡，要先评估自己。在情绪的能量等级中，自己在哪个层面？你的情绪是恐惧、抗拒、逃避，还是渴望、执着、非他莫属？这些状态都是自己已经失衡的信号。人们习惯在极端点上摆动。你可以做的，是先评估自己的情绪在哪端失重，然后向中间靠拢，让情绪的秋千荡起来保持平衡。

平衡法则实际上也是一种生活方式和生命哲学。一旦失衡，就要提醒自己改变习性。一个太急躁的人，做什么事都很急迫，需要让自己慢下来，慢慢地回归中心；一个太散漫的人，需要增强计划性、条理性，回于中心。

让自己平衡，先从呼吸开始。

每个呼吸都体现了平衡法则。呼得太快会很辛苦，吸得太快也会痛苦。呼得太快的人，找不到呼吸间的平衡，进入的氧气少、出去的废气多，会造成缺氧；只吸不呼的人，也会造成生命的停摆和窒息。练习从呼吸开始，呼气是给予的过程，吸气是接受的过程。当呼吸越来越深长、越来越轻柔时，心和情绪很容易回到中正的平衡状态。

当你读到这里时，你的心已开始平静下来，不左不右、不急不慢，在"中"的平衡点上维持，这时你会觉得很舒服。你可以经常把注意力放在呼吸上，让自己学会在平静稳定的呼吸中寻找平衡。

接纳情绪的钟摆。左右摆动的情绪，跟随着呼吸，慢慢地从失衡回到平衡。当我们觉察到自己的情绪正忽左忽右失衡时，可以坐下来，做几个深呼吸，让情绪慢慢平静，回到平衡状态。

学习和成长，就是从各个极端回归中心，行于中道而平衡。当你适应和尊重这个法则，时刻觉察情绪，让自己回到中心，言行就会越来越恰当。当你的内心有了这份平衡能力时，生活会发生很多奇妙的变化，家庭会变得安宁，每个人都很愉快，孩子也变得非常放松和自觉了，你所期盼的幸福家庭的目标自然越来越近。

互动分享：

1. 生活中你的情绪钟摆经常偏向于过去，还是未来？偏向于恐惧，还是渴望？

2. 你有哪些生活习性很顽固，已影响了你的平衡状态？你希望如何矫正？

（四）冥想：天地之间

让自己放松下来，把双脚分开，平放在地上，双手分开平放在两条腿上。你可以在闭上眼睛的同时，把注意力放在呼吸上。无论是先吸后呼或者先呼后吸，你只需要注意，每一次向外呼气的时候，要将肩膀的两个点落下来。

同时你可以听到我说话的声音，还可以感受得到从肩膀开始的放松，整个身体全部放松了下来。这份放松的感觉，带你来到了内心深处最安全、最舒服的地方，也许是一片森林，也许是大海边，或者就是你记忆深处最喜欢的那块绿草地。

你来到的这个地方，头顶是飘着白云的天空，脚下是那片无垠的土地；你可以闻到花草的香味，可以听到鸟儿的鸣叫，连鼻子都可以呼吸到大自然清新的味道。于是，你很快就让自己完全地融入这个令人放松的景色里了。

在你内心已经可以清晰地看到，自己是一个多么挺拔的存在，头顶蓝天，脚踏大地，在无垠的天地之间，你就是一个独特的存在。当你的内心可以看到那个辽阔且令人沉醉的画面时，你也许已经在不知不觉中感受到自己的呼吸更加放松了，自己的胸怀更加宽广了。

是的，你可以感受得到天地的广袤无垠，你会感受到云卷云舒的变化，你会感受到周围所有的动物、植物在用它们丰富而独特的方式装点着这块土地。你会发现自己跟它们完全不一样。可是天地就是如此辽阔，给了我们存在的空间。

你在天地之间自由畅快地呼吸着，而你身边的一切存在，也用它们自己的独特方式，自由地存在着。这里没有比较，只有允许，允许每一个存在，用自己的方式呼吸和活着。无垠的天地如此无私地提供着万物生长所需的一切，允许万物用自己的节奏、自己的方式存在着。小草有它自己的高度和颜色，松树有它自己的形状和轮廓，连河边的那只鸟儿都有它自己跳跃的节奏和啜饮露水的优美姿态。

所以，你只需要呼吸就够了，你只需要把呼吸送到每一个细胞、每一寸肌肤，再释放掉所有不需要的，还给天地就够了。你不需要跟任何一个存在比较，也不需要把自己打扮成特定的模样给任何一个存在看。不管你有怎样的言语、行为和想法，你只要去做就够了。

你会看到，无论你和万物有怎样完全不同的表达方式，高远的天地都在无言地承载着这一切。无论在这个过程中有怎样的发现，你只需要深深地呼吸就够了。天地之间有足够的空间，让你在当下真实地活着。你只需要呼吸就够了，让每一个呼吸都感受到自然地流动。在每一个深入的呼吸之后，你会感受到内心更丰盈和充实了。

不管你经历过怎样的生活，而今你来到这天地之间，会感受到承载万物的大地母亲一直在无言地陪伴着你。无限高远的辽阔的天空，连同那个深邃的宇宙，都在无言地陪伴着你。你只需要做天地之间那个被宠爱的孩子，去自由地呼吸就够了，让每一次呼吸都吸进大自然的允许，吸取滋养万物的能量，让它们在你身体内流动，让它们带走所有你不需要的恐惧、焦虑和紧张。

再一次地敞开你的胸怀，深呼吸，让天地间所有无私的爱陪伴着你，让你再一次地感受天地的爱。你是天地之间被爱的、独一无二的宝贝孩子。

天地之爱已经充盈着你的身体，自然地激发出你对自己所有的爱与尊重。甚至你在下一个呼吸里，呼出去的也是自己的爱。

于是，不知不觉间，源源不断地从天上来的、地下来的爱的呼吸环绕着你，从你内心涌动出来的爱的能量环绕着你。大地母亲的爱、天空父亲的爱和你对自己这个生命的爱融合在一起，形成巨大的能量光环围绕着你。

你只需要呼吸，你只需要呼和吸。在你内心慢慢完成这个过程，直到你觉得足够了，就让自己慢慢地活动自己的手脚，活动自己的身体，然后在准备好的时候睁开眼睛。

当你睁开眼睛看到镜子里的自己或家人时，开心地告诉他："我回来啦！我知道，我是天地的孩子。"

三、学会臣服与接受

（一）学会臣服

你置身于天地之间，发现每个生命都被天地护佑，被天地爱护。从这个视角，你发现自己不是孤立地活在世上，你身边还有天、地、大自然及生活中的父母，工作中的领导、上司等。

生命在生命之间是平等的，在世界中遵循着宇宙运行的秩序法则。秩序，是指每个存在之间的先后顺序和高低、大小的级别。了解了自己所在的位置和级别，才可以清晰地把握所承担的责任，位置得当，责任才明晰。一个真正会生活、有智慧的人，知道哪些事该做，就尽力去做；哪些事不该做，只能尊重或接受。这是对规矩和法则的尊重。

我在设计"爱的自由能量工作坊"10天课程时问自己：一个生命在生存中最需具备的智慧是什么？在为青少年设计课程时，我也问自己：如果在把青少年送入社会前，要讲唯一的一堂课，告诉他怎样活着才能真正活出使命，按宇宙基本法则有效地表现自己独特的才能，我应该讲什么？我再三思考后留下来的一个关键词，是"臣服"。

臣服对很多中国人来说很陌生，因为习惯了在"斗争哲学"里"与天斗，与地斗，与人斗"。我们一度被教导通过跟自己之外的一切斗争，能体悟到宁死不屈、坚强、勇敢、对抗、奋斗、永不放弃等精神……渐渐地，懂法则的人越来越少，叛逆少年越来越多，反社会的"喷子"越来越多，甚至有很多知识水平很高的人都以"愤青"自居。他们以独特的思想和状态，表现自己的与众不同，同时又往往曲高和寡，纵然才能颇高，却总是缺少适合他们施展的土壤。这种生存状态，是父母不希望孩子体验的。

老子在中国的传统经典名著《道德经》第八章中提出："上善若水，水善利万物而不争，处众人之所恶，故几于道。"意思是说，水总是顺势而流，它顺应地心引力，接受任何容器承载，具有在任何情况下都非常有力量的回应方式；它没有自己的执着，无论在怎样的环境下都可以不失自己的特性。与"斗争哲学"比起来，水的适应性更强，更容易保持本性，更宜生存，更能承担自身的天命和责任。

比较这两种哲学，做父母的都会希望自己的孩子以后者的状态存在：保持纯净的本性，同时适应外界变化，以顺应、顺服、臣服，脱离狭隘和对抗，展开双臂接受自己的身体，接受当下面对的一切。

这里所说的臣服不是消极地接受，而是主动地拥抱、迎接，主动地把每个当下的挑战和顺境都当作自己成长的机会。臣服，是积极正面的、有创意的，背后有一份感激、一份欣赏和一份感恩。无论面对什么，遭遇到什么，都值得感恩。水不会自怨自艾，也不会对抗，只是顺流而下，永远都有最适合它生存的地方。而在对抗的力量之下，不管是钢条还是铁锯，都易被折断，既丧失自我，更无法有任何改变。

面对当下，能够臣服、接受一切。不管发生什么、面临什么，都接受生命环境的变化，接受自己的身体、情绪和感受。只有真正接受了自己，臣服于生命中发生的一切，才会真正感受得到生活中每个刹那的新鲜和愉悦，也才是真正鲜活地活着！

一个成人学着接受每件事是基本的智慧，一个未长大的孩子学会接受每件事是将要拥有的智慧。

在臣服背后，是对每个生命独特性的尊重，也是愿意放下自己的期望和执着，接受必须面对的外界变化和意料之外的事件。放下"应该如此"等局限性信念，在每个当下，不评判、积极地回应，放松而专注地跟外界连接和互动。一个能够臣服的人，一定是灵活的，一定可以放下执着，不断地扩展自己，让自己更自由。

臣服不代表放弃，而是一个主动拥抱和连接外界的过程。西方有句箴言："请赐予我勇气，去改变必须改变的；请赐予我平静的心，去接受不能改变的；请赐予我智慧，去区分这两者。"臣服的奥妙和智慧，在于提示对于不能改变的部分，要以平静的心去接受；对于必须承担的部分，要带着勇气去做；到底哪些可以改变，哪些必须接受，就需要有足够的智慧去区分了。

学习向生命中不可改变的一切臣服，放下自己的执着、局限和贪婪，要经历实际的修行，带着谦逊的心，老老实实地面对世界、表达自己。

前文"接受父母"的练习，就是面对生命源头的臣服实修。很多练习者反馈"接受父母"的练习太重要了，从小到大，他都没有向任何人低过头，当他可以向父母低头鞠躬时，才真正感受到自己的渺小，感受到父母的爱。他们不仅消除了因不臣服而遭遇的挫折，还收获了臣服之后爱的能量。将这些真实的变化示范给孩子，亲子就可以共同学习臣服这门人生功课。

"接受父母""接受内心小孩儿"的练习，都是非常重要的学会臣服的练习。一个生命对于过去发生的一切，以及未来将要展开的生活，都有一份开放和接受的心态，这就是臣服。通过做"接受父母"的练习，继续学习说："是的。"无论在生活中发生任何事，都在心里说："是的，我接受。"看看会发生怎样的变化。面对你拒绝、最抗拒的事，例如死亡、失败，也让自己在心里说："是的，我接受。"

很多孩子很难做到低头向父母鞠躬，五体投地地行礼。我和助教老师就亲身示范，引导他们五体投地，接触大地，让他们可以感受到喜悦的能量，感受到平静，在那一刻体验如何做人。

成年人在课堂中，会自发地鞠躬、五体投地，让自己贴近大地，感受被祝福的能量。在天地之间生存的必修课，从学会臣服开始。

互动分享：

分享你对臣服与斗争两种不同方式的看法。

（二）祈求祝福，收获祝福

换个角度来看臣服，感受低头与被祝福的喜悦。

自己在生命中最渴望得到谁的祝福？是父母、祖辈中的某人，还是老师、爱人？想到他，暂时将他放在心里，在内心看一下你与他的关系。在内心里与他面对面站立，感受你们的视线谁高谁低。再看一看，你的目光里边是怎样的眼神，是哀怨、倔强，还是仇恨、报复、不屑？

感受一下自己的眼神射向对方时，对方有什么反应，是被你激惹，还是很不耐烦，或者无力？继续感受，今天之前的你面对他们时会用什么方式祈求祝福？

以下几个选择，哪一个适合你？

第一，你不断证明自己够好、够强、够成功，想用这些得到他们的肯定和祝福。

第二，你想证明自己有价值，比他们更优秀，超越他们，以此得到他们的祝福。

第三，你把想得到祝福的渴望藏在心里，从来不说，希望他们像心里的小虫子，主动读懂你、祝福你。或者你用自己的强大、优秀来隐藏内心的渴望。

第四，你会直接在他们面前低下头，甚至是跪下来，真实地表达你希望他们给予你祝福的想法。在父母和祖辈面前，老老实实地说："求求你们，给我一些祝福，好吗？"

你常用哪种方式祈求祝福呢？很多人都说只会用前面三种方式，从未想过尝试用最后一种方式。

曾有一位很成功的中年企业家，他的孩子遇到了心理问题，来做咨询。在帮孩子做咨询时，我发现孩子意识到父亲内心非常痛苦，在潜意识中牵挂父亲，为保护父亲，放弃自己的学业。

父亲了解之后很震撼，头发花白的他失声痛哭。孩子说，从小就期望父亲肯定他，可父亲从来不夸奖、不肯定他。他很愤怒，然后拼命地学习，学习好了，父亲还是没有肯定他。于是他拼命地工作，工作不断上新台阶，可父亲还是不肯定他。他越来越愤怒、越来越傲慢，同时越来越焦虑。他不断用"做得足够好"证明给父亲自己很优秀，父亲应该祝福自己。可是他的努力并没有得到父亲的祝福。父亲年龄大了，他开始同情父亲，觉得父亲可怜，主动安排父亲的生活，给他买房、找保姆、安排身边的事。一旦父亲没有听从，他就会暴怒，跟父亲产生非常大的矛盾。

在这个过程中他自己越来越辛苦，不但影响到自己的身体，也影响到亲子关系。我问他："你到底希望父亲对你怎样？"他说："我只希望爸爸能够说一句：'你很能干，你很优秀，我喜欢你这个儿子。'"我问他："你有没有跟爸爸好好谈一谈，请爸爸告诉你'我到底够不够好？我到底能不能得到你的爱？'"他说："我怎么能这样说，我才不稀罕求他，我才不要。"

他一方面不做，另一方面又无比渴望。我说："你有没有发现，虽然你是成功的企业家，可是在心理上，你还是一个没长大的孩子，你不会低头乞求祝福，这将影响你自己的生活，也影响孩子的未来。"他愿意改变，愿意在心里跟父亲和解，做"接受父亲"的练习。

第二次咨询时，他非常高兴地告诉我："我跟爸爸的关系改善了。""我回去之后，在房间里做'接受父亲'的练习。有一天，家里来了几位父亲的老战友，我在楼上听到父亲很开心地跟战友讲：'你们知道吗？我儿子很能干，我儿子这一辈子做了很多重要的事，比我要强得多！'这是第一次，我听到父亲肯定我，虽然是背着我说的，可在房间里的我泪流满面，最后竟然号啕大哭。我终于听到了父亲对我的祝福，那一刻我觉得自己是被爸爸祝福的孩子，充满了力量。"

我跟他分享："父亲还健在，也许你需要真的在父亲面前匍匐下来，向父亲祈求祝福，让自己真实地表达内心的渴望，才能得到你所期望的祝福。"他说很难，可愿意尝试这样做。

第三次再来咨询时，他整个人已经发生了变化。他说："当时有了一个恰当的契机，我拿了一个垫子在爸爸面前跪下来。我泣不成声，表达我的祈求：'爸爸，求求你，请你告诉我，你到底爱不爱我，请你告诉我，我到底是不是你的好孩子？'那一天爸爸被吓着了，但是爸爸本能地开始摸我的头，开始哭，开始告诉我：'我一直以你为骄傲，我一直都非常得意，你是我的好儿子。'"亲子间做了非常感人的沟通。

这是我若干成功的咨询案例之一，看似偶然，又实属必然。

还有一位专注于工作的女性，童年跟父母分离，长大后拼命工作、照顾弟弟，她一直希望听到父母说："你很能干。"但父母只是不断地要求她，要让她做得更好。她照顾一大家人，得了一身病，恋爱也不顺。躺在病床上的她，不会乞求，对上司也很傲慢。大家都承认她是个能力强的人，可没人喜欢她，没人愿意靠近她。她不会跟其他人相处，不会低下头祈求祝福。

当她一步步学习低头之后，她变得柔软、放松了，能够得到别人的支持、安慰了，越来越有安全感，柔美的部分也慢慢呈现出来。

我也接待过一个六年级的小学生，他跟老师对抗，上课说话、捣乱，不回答课堂提问，也不参加考试。他想用这样的方式报复老师，但变成学校的重点分子被教育，无法顺利完成毕业考试。我引导他，低下头来对心中的老师说："老师，对不起，我错了。你比我大，我比你小，我渴望你帮助我，渴望你能够给我祝福。"当他发自内心地给老师鞠躬后，当他愿意对课本鞠躬后，当他愿意对学校和更大的存在鞠躬后，奇迹出现了，他的成绩直线上升。本来临近小学毕业，差点拿不到毕业证的他，三个月里成绩竟然逆转，开始得到老师的赏识，以很高的分数考上重点初中。

这样的案例比比皆是。我都是引导来访者做一件事——学习臣服，学习低头，学习祈求祝福。

当你真的站在自己的位置上，学会低下头来祈求祝福时，祝福就会从头顶流到身体里，无论是与父母的关系，还是与长者、上司的关系都是如此。父母、长者就是高处的台阶，在台阶下的人只有低头，台阶上面的祝福才能像水一样流经我们，进入我们的身体。假如昂着头，甚至站得比他们还高，他们代表的爱的传承、能量的传承不可能回流到比他们还高的地方。

现在你的心里也会出现这样的画面：在很高的台阶上，站着上司、领导、父母、长辈，你在他们面前恭恭敬敬地低头，说："是的，我比你们小，你们比我大，请你们祝福我。是的，我接受。"然后，上边的台阶流下来的能量和祝福，就会像源源不断的水流一样，浇灌、滋润、陪伴着你。直到得到足够的滋养和陪伴，有了足够的能量，你就可以转身面对未来了。

化解孩子跟老师的矛盾，化解孩子跟学校和社会的对抗，都可以通过此练习完成。邀请孩子做学会臣服的练习，面对抗拒的人、事、物，低下头来说："是的，我接受。"放松自己的身体，把自己的头垂下来，让自己的肩膀带动上肢垂下来，心里默默地说："是的，我接受。"

把这三句话，试着在生活中说出来：

求求你，我想要个礼物可以吗？

求求你，我想要个拥抱可以吗？

求求你，我想要你的爱，可以吗？

这样说的时候，你是真的带着请求去完成。

互动分享：

分享你低头请求祝福的收获。

（三）人物合一的能量

低头祈求祝福，是让自己学会臣服的一种方法。有人说："这对我挺难，因为我是一个倔强的人。"通过倔强这个标签我们可以想到的形象是，笔直地站着、头抬得高高的、脖子梗得直直的、绝不屈服的人。也有人说："我不仅倔强，自尊心也很强，为什么我要向别人低头，绝不！"我们当然可以保持这样的状态。

当对自己和其他生命有了更全面的了解后，你也许会发现，所谓自尊心和倔强，只不过是小孩耍脾气而已。因为只有小孩子会说："我是好人，要跟坏人斗争到底！"若从宇宙的视角、天地之间去看人和世界的关系，会有另外一个发现：人跟其他存在并不对立，而是一体的关系，这世界除了好与坏，还有其他的可能性。

比方，天上的雨水，一滴一滴的，看起来独立，可当它落到土地上，一次次蒸发、流动循环，最后又跟海洋汇聚在一起了。所以，天上的雨水跟海洋是一体的，是海洋里的水蒸发之后变成云，云又凝结变成雨滴落下来，最后又回到海洋里。所以雨滴与海水是一体的。

人类和树也不能分离。人吸入氧气，呼出二氧化碳，二氧化碳被树吸收进行光合作用，变成树生长的营养，释放出更多的氧气被人吸收，人和树就形成了相互紧密连接的关系。生命最早的源头，人和树，海洋和地球，都有相同的本质，最初都来源于同一个地方。千万亿年前，宇宙大爆炸的时刻，爆炸之前万物一体，混元一气。如《道德经》言"有物混成，先天地生"。爆炸后，宇宙产生了不同的能量振动和聚合，不同的能量聚合形成了不同的星球，在地球这个星球上，能量不同的组合，形成了万物。万物都有一个相同的过去，或者说都从一个源头而来，不断回溯到最早的源头，万物不曾分离。

当站在更高的维度，去看世界的存在，了解到万物是一体，感受到"一"时，人和人之间、人和万物之间也有了更深的连接，爱别人就是爱自己，帮助别人就是帮助自己。佛法里说"同体大悲，同体大慈"。在每个人的内心，都会有这种共振的感觉。看电影时与主人公一起掉泪，一起欢笑，看似命运完全不同，却有着相同的振动。

每个人都是独立的，有各自不同的特征和命运，但同时每个人也都是宇宙能量的一部分，同属于地球。像一棵树的叶子就是一棵树的一部分一样，每个人都是地球、宇宙这个更大存在的一片叶子，大家本无区别。

每次当我一个人坐在办公室讲网络课时，心里都有你的存在，你们，就在我对面，就在我心里。我讲给你听，同时也讲给心里的自己听。因为我懂自己，所以懂你。看似是在为你服务，实际在为自己内心跟你一样的存在服务。

每个人都是一块拼图，大家散落在四面八方，每一位读者和听众，都是拼图的一部分。而通过我的文字和讲述，所有的拼图在刹那连接起来，变成了非常美丽的拼板。拼板的图案是每个爸爸妈妈，在用自己的方式爱着孩子的画面。拼版的背景是很深的爱——亲子之爱。看似从未谋面，可是彼此懂得。你从未见过我，却可以从声音和文字中，听到爱的呼唤。这就是"一"的感觉！是大家互相懂得、互相在一起的感觉。每个群体、每个团体都由人组成，每个人形成一个独立的个体，身边的每个人都是自己生命的一部分。大家彼此照见，彼此学习和体验。

我从小到大经历了非常多的痛苦，当我走出那些痛苦后，可以懂得更多和我有相似经历的人，对他们的痛苦感同身受。另外一种学习是通过我接待的成千上万的来访者。每个来访者带来了独特的故事，我在陪伴他将痛苦转化的同时，也丰富了我生命的体验，让我懂得了生命的丰富和顽强。我在讲课、备课时，面对的都是我懂得的生命，无论年龄、职业如何，过去的经历怎样，在内心深处我们都可以相互懂得、相互连接。哪怕网络课程只能通过声音连接，照样可以完成能量的共振，产生"天涯若比邻"的亲近感和喜悦感。

这份共鸣和共振，你同样也可以拥有。你与远方的父母、学校里的孩子，也可以体验到彼此的情绪变化，这都是合一的能量，在生活中可以主动应用。

思考以下问题：

第一，其他人不是对手，而是自己的一部分，我应该如何对待他？

第二，如果其他人不是我的对手和敌人，而是我生命的一部分，我如何跟他合作？从这个角度，去看周围的朋友、爱人、敌人、陌生人，你会有怎样的发现？

也许很多的为难、困境和冲突开始化解了，只剩下平静和爱。这是真正的化解，并不需要证明自己比别人更优秀，只要愿意站在更高的点上，重新解读彼此的关系，就可以开始新的连接。

互动分享：

分享你和其他人、事、物产生合一感觉的故事。

（四）冥想：连接宇宙心

做一个好玩的冥想，把它当作一个玩耍的过程，带着好奇的心，整合前面几节有些"烧脑"的理念。冥想练习之后，你会有"哇！我明白了，我懂得了"的茅塞顿开的喜悦。

宇宙是一个无形的存在，给它一个象征性的说法，它是有心的，在它最核心的部分藏着无穷的能量和智慧。宇宙的存在有它自己的运行法则，它是完美的，具备一切可能性。通过宇宙的心，可以好好地跟宇宙建立连接。

请注意，这个练习只能吸引具体的物品或某件事，不能吸引某种感觉，比如喜悦。你想要一辆车，想买一套房，希望跟孩子有一次愉快的旅行，这些都可以。试着玩这个练习，让自己开始创造吧！

准确地来说，这个练习可以突破自己内心的局限，去连接更大的宇宙存在，把自己想要的事物带到现实生活中，让自己获得梦想成真的惊喜。有人常说向宇宙下订单，把订单发给宇宙，让它送来结果。这需要有极大的好奇心，对于习惯了严肃和逻辑学习的你，是一次好玩的游戏体验。

请找一个安静的地方，让自己放松下来。你可以躺在床上，但一般的经验是，躺下容易睡着，最好是能够保持坐着、脊柱挺直的姿势。挺直脊柱可以让你的呼吸畅通，也能让你更放松。把双腿分开平放在地上，双手分开平放在两条腿上，保持挺拔的脊柱，同时身体放松，把注意力放在呼吸上。每次向外呼气的时候，将肩膀的两个点落下来，让这份从肩膀开始的放松，慢慢地落到你的双腿、双脚，慢慢地落到你的前胸、后背。你可以做三次深呼吸，每一次向外呼气，你都可以看到你呼出的气形成一层白雾，你看到这层白雾从你的嘴中呼出，散掉。

当你感受到身体越来越放松的时候，你可以保持这份放松的呼吸，同时跟随我的引导，想象在你的头部四周环绕着一圈光的栅栏。头部四周散出去一圈光，它们直直地向上延伸，越往高处越精细，越往高处越美丽。

想象你被光束和光球包围着，这束光越向上越轻。一个大大的光球包围着你，越来越轻，越来越大，慢慢地带你离开地球，带领你越飘越高，越飘越高，进入到最高维度的宇宙的核心，被称为"宇宙心"的地方。

这个地方很美妙，你可以看见很多非常奇妙的、美丽的色彩。你带着好奇心四处观察，无论你看到什么、听到什么，或者感觉到什么，这一切都是美妙的。

在观察的过程中，你突然想到，你今天的任务是吸引一件你自己非常想要的东西。你就开始好奇，你想要的东西在宇宙心的什么地方呢？当你这个念头一动，你就发现你自己想创造的那样东西具有特定的能量，它就在你的眼前，被你发现了。你内心的想象力自动地创造了某一种颜色、某一种图样，代表了你想创造的东西。这个发现让你感觉很新奇，你会带着好奇靠近这个代表你创造的存在。

你会看到，它因为你的这份新奇变得更加开放、和谐。它的色彩开始加强，它的味道甚至有你喜欢的香味，它还有了伴奏的音乐，它的图案上有了更美丽的花纹，你知道一个奇妙的创造的过程开始了。你好奇地想，假如有了光会怎么样？你的念头一到，光就开始围绕你想创造的这个场景，或者物体。

你开始把你的欢喜、愉悦放进去，你发现你的念头在影响着这一切，它们也随之发生变化，相互影响着。玩耍一段时间之后，你开始希望把它们带到物质世界里来，所以你把想要的事物的能量转化成微细的光子，用极高的频率振动和跳跃。它们愿意从宇宙心进入现实世界，它们开始用它们特有的方式结合、合并，开始有了更符合现实存在的形状和质量了。

打开你的心，去接受这些光子，用你的爱和拥抱去欢迎它们，把它们带进你的每个细胞里，穿过你生命的DNA跟你共同合作，让这将要到来的一切，跟你的生命和谐一致。带着你全然的期待，让它们顺利地来到你的生命中，从你的DNA中绽放出你想要的那些光，让它们进入你的细胞、你的情感和你的心智。好好地感受它们跟你在一起的那份新奇和喜悦吧！在这个过程中停留一分钟，允许你和它完成所有的连接和整合。

现在，想象生活中已经拥有了你想要的东西，你会有怎样的感觉呢？看看需要多大的空间来盛装它？看一看你需要多少时间，才能把它带到现实里来呢？

无论它还有多少时间才能到来，此刻你都对它先表达感谢之情，同时你需要确认你自己已经准备好拥有它了。你已经准备好了，当它到来的时候，你能够认出它并接受它。是的，甚至它以你没想到的方式来到你的面前，你都要准备好接受它。

做好准备，做几个深呼吸，让呼吸带着你回到现实中，回到刚刚开始的房间里，回到现实生活中的房间里。

你知道刚刚发生了很多事情，而在现实生活里，你的感觉已经有很多不同。从当下开始，每当你想起想要吸引的事物或者事件，你内心都已经可以感受得到它。它已经在来的路上，将要来临的它，跟你已经有了全新的连接，而你只需要开放你的身心去随时准备迎接它的到来。

是的，带着呼吸回来，然后带着喜悦准备迎接你想吸引的那个事物或事件吧！祝你好运！

互动分享：

在接下来的日子里，请你带着玩耍的心，不断地做这个冥想，吸引一个你最渴望的物体或者事件，每天跟它连接。当你把它吸引过来之后，请你分享收获的喜悦！

四、善于觉察，相信直觉

（一）觉察的力量

关于臣服和低头、与宇宙万物融合为一体，用玩耍的方式向宇宙下订单，这部分内容对很多人来说很新鲜，挑战到自己已有的理念，让自己有了更宽广的视野。

每个人都不是孤立地活在世界上，既是现实生活中父母的孩子，也是宇宙中存在的生命。每个人跟宇宙的关系越和谐，获得高频能量的可能性越大。

一位智慧哲人说过这样一段话：从社会发展的大趋势来看，不同时代的力量和财富的象征不同。农业社会，男人代表力量，牲口是家庭的财富；工业社会，知识代表力量，技术成为财富；后工业社会，资讯便成为力量，人脉变成财富；信息社会，信息变成力量，眼光变成财富；当今时代，信念变成力量，智慧变成财富；未来的社会，境界成为力量，觉悟是财富。

人类社会发展，经历了从满足物质财富到满足抽象的精神境界的过程。祖先曾以牲口、劳动力的数量衡量财富和力量。随着社会的发展，在互联网时代，人的境界、内心智慧和觉悟水平，越来越成为衡量人们生活水平的重要标志。

当互联网让知识和信息可以信手拈来时，有知识的人如何适应未来生活，取决于心灵境界和觉悟水平。父母都期望孩子未来适应社会需求，成为社会中的佼佼者。假如只停留在对物质需求的追求上，则无法适应未来发展。父母需要提高孩子的境界，推动孩子提升生命的觉悟水平。孩子的境界和觉悟水平则取决于父母的视野和视角。

所有的学习与成长，需要经历一个过程。通过学习了解到新的理念和观念，是属于头脑认知层面的提升；从知道到做到，需要一个内化和转化的过程。

日常生活中，觉察到自己的想法、情绪、念头，哪怕是事后诸葛亮的觉察，也是一个成长进步的标志。当你有情绪却可以控制时，这已经是一个成长进步的标志。然后逐渐增加觉察的力量。在情绪混乱时，就觉察到并立即停止，完成从事后诸葛亮到事中诸葛亮的转变。接着，继续训练自己的心，保持在高频能量中不为外境所动。超越以往的烦恼，才可以有效管理自己。这就是实修的过程，是提升自己能量和境界的过程，也是真正有效改变自己和家庭命运的过程。从不知到知，从知之少到知之多，从不会做到事后会做，再到事中会做，到超越过去的模式，这个循序渐进的过程就是自我负责的实修。

觉察就像一束探照灯，在当下照见自己的心、身，照见自己的语言。看到不同的自己，就可以把握自己当下的念头，自然可以掌握自己人生的主动权，可以选择继续做或停止，或者换个做法。一个有觉察能力的人，才能成为自己人生的主人，才能说："我的人生我做主。"

觉察包括看到、听到和感觉到。当我们可以看到、听到、感觉到的时候，就需要客观地去看，不加评判地看，好像一架录像机在旁边，自然地拍摄所发生的一切。录像机是不会说好坏、对错的，只是客观地观察记录。客观地看、听、感觉，才是真正的觉察。在一次次觉察中，被看到的自己的模式和习性就会发生转变，从本能反应转变为主动选择和回应："我要继续这样做？还是停下来换个方法？"

比如，当爱人唠叨时，常常是他一唠叨自己就愤怒，会和他吵架或冷战。这是在无觉察、无学习成长时自然而然地发生的。当有觉察之后会发现，今天爱人唠叨时，自己好像一个旁观者。在看到、听到爱人唠叨时，你会闪过什么念头？是不耐烦？愤怒？想吵架……

当觉察这束探照灯照到自己时，我们只是自然客观地看、听、感受，不做评价，也不否定。所有正发生的一切像在那一刻定格一样，我们的内心会很奇妙，有些新的念头出现："是不是在重复以往无效的模式？重复以往的因，只会得到无效的果。我不想要这样的果，怎样种不同的因呢?"

也许在觉察后,你已开始重新选择,不再像原来那样和爱人吵回去,而是停下来平静地接受,甚至可以笑着说:"我听到你这样说,我感觉有些愤怒。"客观地描述自己的想法,用与以往不一样的方式回应他,然后对方也会发生变化。也许他奇怪你的反应,也许他更加愤怒,也许他会即刻停下来。

父母最怕老师告状,控诉孩子作业写不好,发生了行为问题等。这让父母自动产生焦虑、无力甚至愤怒的感觉。若无觉察时,可能看到孩子就会马上责问:"为什么又错了?为什么又不听话?为什么要这样?为什么……"这样的斥责可能会激起孩子的反抗,哪怕孩子最后低头认错,明天还会重犯,然后又激惹父母,出现一个新的循环,让父母和孩子受控其中。

当有觉察能力了,在接到老师短信的那一刻,就会客观地看到自己内心的焦虑:"我很焦虑,证明我对这件事很在乎。可我现在的能力不够,要提升什么能力呢?是跟孩子沟通的能力,还是跟老师沟通的能力?怎样做,才真正达到效果?"假如这样,就会有跟以往不同的结果。

觉察看起来包罗万象,包含很多内容,包括觉察身体的感觉、情绪感受、思想念头,也包括觉察自己创造出来的意象,还包括觉察内心的对话。从觉察自己的呼吸开始,觉察自己情绪的变化,觉察身体的动作,也是有效觉察的方向。

我曾经为一位父亲做过咨询。这位父亲的暴怒,激发了孩子非常严重的考前焦虑。在为孩子做辅导时,我观察到这位父亲在孩子身边会增强孩子的焦虑。我引导父亲做自我觉察:"你有没有发现,你与孩子在一起时,对孩子有很大的影响?他的身体会瞬间绷紧,而你不在时他会立刻放松。"他说："是的，我非常易怒，控制不了。我不知道怎么控制。"

我引导他，回顾上一次暴怒时，身体有没有什么感觉，有没有情绪变化？他回忆，上次回到家，情绪不好，感觉丹田处有一簇小火苗，从1分到10分做情绪评估，有12分。这个火苗是他情绪波动时身体的反应。我问他："火苗最初12分，到最后爆发时，变成多少分？"他说："火苗到了嗓子眼，就有20分了。"20分的火苗，肯定难以管理。我们继续讨论，如何在小火苗只有12分的时候，主动做一些事抑制火苗。他想到喝水、深呼吸，把情绪说出来或找个人聊一聊。

当他觉察到有愤怒的情绪时，主动做些事，情绪就会自动转化，能管理自己的语言，不说伤人的话；也能管理自己的行动，不会再掀桌子，给家里造成破坏了。

因此，一个有觉察能力的人，是有能力管理自己的人。觉察是实修的开始，是自我管理能力提升的表现。改变自己，先打开自我觉醒的探照灯吧！

互动分享：

准备一个本子，记录自我觉察的收获和体会。记录你做的觉察练习，尤其是你的做法和收获。

（二）提升你的能量

觉察已给了你一个全新的角度。如果能够经常让自己保持在高频的能量状态中有效地做事，觉察自己的情绪就会变得更加轻而易举。

在第一章"父母的生命能量关乎孩子的成长质量"中，我们已了解到不同的生命能量会影响自己的生活状态和亲子关系的质量。很多人好奇怎样可以提升生命能量，如果可以将生命能量提升到200分以上甚至500分以上，活在喜悦中，就不会伤害自己，更不会伤害孩子。这一章中，我再试图引导你跟更高频能量连接、共振，这样就可以慢慢地脱离低频能量，引导孩子进入越来越好的生命状态。

如何借助更高频的能量，提升自己的生命能量等级呢？高频能量是指在生命能量频谱中，能量等级在200分之上的能量状态。当生命能量进入到250分、350分、500分时，就开始跟爱、喜悦、开悟的"大师"频率共振。

越高频的能量就代表着生命能量越高，每个人每天都会产生4~5万个念头，有人测试后发现其中至少70%以上都是负面、低频能量的念头，常把人带入非常糟糕的状态，活在恐惧、焦虑、内疚等状态中。如何把4~5万个念头都变成高频能量？如何主动、自觉地提升能量？有以下六个角度，可以参考。

第一，再三重复充满爱的话，提升心灵的振动频率。每次所说的话，都包含着意念和语言的能量。每个想法都有能量，会引来振动。每天产生的4~5万个念头会像磁铁一样，不断地吸引周围相应的频率。比如，烦躁、丑恶、混乱的状态，就会吸引烦躁、丑恶、混乱的人、事、物；喜悦的状态就会吸引外在喜悦的人、事、物。

有人说鱼找鱼，虾找虾，相同的频率会引起共振。说出去的语言，就是送出去的一股股能量波，先影响自己，然后影响其他人。你可以觉察一下，你自己内心的对话经常是消极的还是积极的，纠结的还是统一的？你还需要觉察自己的常用词是什么。

你可以做个小实验，带着录音机或打开手机的录音设备，把自己一天说的话录下来。然后整理一下，看一看常用词里边，高频词和低频词的比例。表示肯定、鼓励、赞叹的词属于有高频能量的词汇，表示接受、允许、平静、放松、欣赏的词都是充满爱的语言，而跟焦虑、紧张、恐惧、否定情绪相关的，一定是低频的能量。你可以觉察到自己心灵振动频率的高低。让自己多说充满爱的语言，这是非常重要的提升频率的途径。

第二，建议你写感恩日志。每天用3~5分钟的时间，让自己静下心来，把值得感恩的一切写下来。

有很多非常智慧的父母，会每天带孩子做练习。晚饭时，先做餐前感恩分享，每个人快速地分享一天中遇到的值得感恩的人、事、物。分享之后，再带着喜悦、感恩的心情去吃饭，会发现胃口好，吸收得好，营养可以更好地进入体内。活在放松、爱和感恩里，将快速提升生命能量。这是非常简单有效的练习，可以作为一个生活习惯。你可以跟孩子一起做这样的练习。

第三，主动远离低频环境和低频的人、事、物，主动拒绝低俗、抱怨，拒绝充满暴力的人、事、物。不能让自己成为所谓的"喷子"（社会的对立者），让自己在不负责任的念头、语言和行为的影响下，去制造生活中的垃圾、网络的垃圾。网络上的匿名谩骂，各种不负责任的说法及旁人的助威助战，都会把自己的生命能量拉低。

让自己提升到高频能量状态有个前提，就是要养成自律的习惯，自己能够管理自己，为自己主动创造洁净、有秩序、美和充满能量的环境。曾有一位教育管理者，提出"不要因你的行为、言语，污染别人的耳朵和眼睛，不要影响他人的视觉和听觉，不污染其他人的视听感受"。

在很多成人聚会中，大家用各种方式说黄色笑话，用不负责任的状态开玩笑。这样做时，忽略了身边耳聪目明的孩子们，他们在听的同时，也在感受着低频的能量，污染着他们的心灵和内心世界。因此家长们需要增加觉察力和自我约束力。

第四，需要集中精神于更高的智慧和爱的方向上，体验心灵宁静、和平的感觉。"注意力所到之处，就是能量聚集之时。"当把注意力放在美好、明亮、光明的地方，父母可以持续留在高频的能量里，这是在保护自己，也在保护孩子、正面影响孩子。蝴蝶效应就是每个存在都以微弱的力量，影响着世界。假如每个人的念头都越来越阳光，就可以让自己的家成为一个光明之地。这并不是唱高调，而是一个非常现实的生活状态的选择，需要每个人集中精力于美好和高频能量中，让自己从低频状态中脱离出来。

第五，需要觉察、管理自己的念头和思想，放下"必须""应该"这些字眼。

第六，让自己和孩子靠近能产生高频能量的人，选择高频的空间和能量场。中国很多人讲究风水，所谓好风水就是高频能量比较多的地方。充满正能量的人，就是用积极的语言感受生命美好的人，就是能产生高频能量的人。跟这样的人在一起，就会经常与他们的高频能量产生振动。反之，跟经常抱怨的、愤怒的、委屈的人在一起，就会被影响，也可能产生抱怨、委屈和愤怒的情绪。

主动选择身边的人和环境非常重要。从这一点来看，读好书、看好电影、关注好的微信公众号等，都是在主动为自己选择高振动频率。在每个当下，完成频率的自动转换，这是对自己负责任，进而影响自己的家，带动孩子学习，创造充满光明和喜悦的生活状态。这是需要自己主动去做的，主动地创造自己的生活。

推荐我的一个好朋友刘丰老师的书——《开启你的高维智慧》，这本书对大家提升能量频率会很有帮助，也可以作为本节内容的辅助读物。

互动分享：

1. 观察自己面对孩子时，产生的念头更多是否定的，还是肯定的？

2. 把对孩子的评价和与孩子沟通的所有字眼，转换成正向的文字，看看会有什么变化。

（三）相信你的直觉

直觉，每个人都拥有，时刻伴随着我们的生活。只是很多人对它的了解太少，缺少主动运用的能力，只把它当作非常偶然出现的现象。直觉在生命中非常重要，只有了解它，才能主动地运用它。

你是否有过这样的情况：没有导航时去找某条路，也许去过但忘记了，也许从未去过。在比较着急时，内心会有声音说："应该这样走就对了。"你听从了这个声音，发现真的找到了，那一刻你会觉得太棒了，真奇妙！

有时你特别想去街上买一样东西，头脑中认为应该去买这个东西，这个东西很重要，但内心里另外一个声音更强："现在不想出门，想做另外一件事。"当你倾听了内心的声音，没有出门，第二天早上，当地的报纸报道，你昨天想去的那个地方，竟然有场很大的火灾，整幢楼都烧毁了。你会非常庆幸地说："多亏没去，否则我会遭遇那场灾难，我竟在无意中避开了一场灾难。"你内心的预感就是一种直觉。

看似没有道理、没有逻辑的内心的声音，就是直觉的各种表现。人们遇到直觉现象后会惊讶，又会怀疑，即使在分享跟直觉有关的故事时，也觉得直觉很不靠谱。直觉的工作方式跟理性的逻辑思维的工作方式不同，不靠文字推理就可以立即知晓，不用解释就能了解真相。它超越时空，也超越身体的局限，超越逻辑思维，常用顿悟、启示、灵光一现、灵感这些字眼形容。

直觉有时候就像一个童心未泯的小孩子，非常活跃，会让人有"踏破铁鞋无觅处，得来全不费工夫"的喜悦。直觉一点都不神秘，不过是以往积累的生命经验在瞬间的迅速组合而已。经验越丰富的人越信任直觉，直觉所给的信息也就越多。

伟大的科学家爱迪生、爱因斯坦都是运用直觉的高手。他们总能通过直觉，找到一些未知的答案和信息；在苦思熟虑之后，灵光乍现，刹那间找到问题的答案。这就是直觉的威力。

每个人都有直觉，要信任自己的直觉。有人说女人的直觉比男人的直觉更准。也许并不是二者谁的直觉更准，而是女人更容易信任自己的直觉。

直觉往往会指向未来，把未来的某些事情跟现在联系起来。直觉有时需要一些时间，也需要一些过程。我们需要对自己的直觉有耐心、有信心，也需要比较专注于某个点，把注意力放在这些画面上，然后用行动和语言，把画面活生生地展现在自己的生活里。这实际是个很好玩的过程，是一个喜悦自在的过程。不要"现实"地下结论认为不可能，而要带着一分好奇："假如真的实现会怎么样？"怀揣着好奇与心里看到的画面或者声音去交流。像"连接宇宙心"的冥想，实际就是集中自己的注意力，把注意力放在期待的某事上，期待它以各种方式出现在当下，其实就是直觉带来信号的过程。当你心里想到孩子的未来，会看到一个画面，不要忽略它，把它当作一个提醒信息，保留下来，信任它，它也许真的会在某天变成现实。

为什么要信任直觉？

因为理智。理智和直觉实际是左右脑不同的功能。左脑掌管记忆和逻辑、线性的思考，日常生活中左脑的思维用得比较多；而右脑是处理关于直觉、情感、想象力的，超越语言、文字和逻辑。一个人只运用掌管逻辑思维的左脑会比较靠谱，但比较单调、机械、乏味。

信任直觉，就是信任自己的右脑，就是主动开发右脑的功能，让左右脑都协调运动，更加有效地工作。真正明白直觉的工作方式，需要爱上自己的直觉，开发自己的右脑，激发自己的直觉。一个只活在直觉里的人，大脑会产生比较多的幻想和白日梦。若想自己更富有智慧，保持更高频的能量状态，就需要左右脑协同活动，在信任左脑的同时也信任自己的右脑，主动开发自己的直觉。

直觉用图像的方式工作，无论是过去的回忆还是未来的画面，主要都以图像的方式呈现。我们需要配合直觉的工作方式，多让大脑保持在好玩、新鲜、有创造性的画面上，配合理性的计划，保持专注的过程，就很容易更快地利用左右脑协同工作来达成目标。

比如，要去旅游之前，过去你也许习惯先做一个计划；现在，在做旅游计划前，先跟随自己的内心，释放一个自己想去的画面，可能是沙漠、海滩、森林等。先找到那个画面，带着强烈的渴望，再去制作理性的计划表，有了感性的直觉和理性的计划协作，旅行就更容易实现，也更加好玩，自己更有积极性。让左右脑协同活动是开发直觉很重要的部分。

开发直觉的最佳方法是什么？是倾听。倾听内心迫切的感觉，倾听内心的画面，倾听喜悦和爱的情感能量。当善于倾听内心的对话时，就会比较容易变通。

信任直觉要挑战自己执着的念头，需要足够灵活和变通。因为直觉带来的总是变化。有这样一个故事，一个人非常非常崇拜上帝，很认真地完成信奉上帝的各种仪式。有一日，当地出现了水灾，情急之下他被大家推到了一个还未被淹没的房顶上。水势不断上涨，他不断地祈祷上帝去救他。这时有人划着一只木船要救他，他说："不要，我要等上帝来救我。"船划走了，水位继续上涨，他非常恐惧，不断地祈祷。过了一会儿，有人扔了根绳子去救他，对他说："你抓住绳子，我把你救走。"他说："不要，我要等上帝来救我。"后来一架直升机向他飞去，扔下悬梯，他也不肯走，他仍要等着上帝去救他。大家救不了他，只好撤走。水淹过房顶，他被淹死之后，见到上帝："上帝，你为什么这样无情，我这么信任你，你都不来救我。"上帝看着他，无奈地摇头："你这个人啊，我派了一只小船去救你，你不肯上；我给你一根绳子，你不肯拉；我派了飞机去救你，你还是不肯走。我有很多种方式救你，为什么你一定要见我本人才信呢？"

很多人都如此，想要某样东西，就执着于所要的形式、时间、地点，把自己局限在某个点上，看不到其他的可能性，甚至没得选择。

开发自己的直觉需要变通、灵活，根据变化做决定。如一位优秀的船长，一定会根据天象变化，决定每天航程的速度和方向，不会执着于要去某个地方，或不顾一切地直冲向对面的山峰，或不规避可预测的风险。真正地信任直觉，就是要认真地倾听内心的感觉，跟自己的心连接，这样可以更迅速、更容易地达成要做的事。

只有放下固执和执着，才能听到自己内心的声音和某种预感。自己的直觉可以成为一个重要的工具，帮助自己达到目标。父母可以帮助孩子，培养信任直觉的能力。很多学生在考试答题时，就是跟着直觉完成的。

互动分享：

分享你因倾听自己的直觉而创造现实的故事和经历。

（四）实用技巧：无言的交流

说到交流，人们就会想到沟通。沟通除了用嘴巴，还可以用内心的感应——心灵感应。

回想过去，当自己专注地与某人在一起时，很容易感应到对方。有人说："今天在单位突然心里慌乱，有一种说不出来的感觉。回到家，听到消息，是自己的一个亲人出了事故，遇到了麻烦。"

这份感应超越时空，跟直觉相似，莫名就会有身体或情绪的反应。这也是无言的交流的一种表现。人在放松时很容易感应到别人，可以跟别人做深层沟通。不是所有的交流都必须通过口头和文字语言完成。

要想做好无言的交流，需要让自己放松，做深呼吸是基本的条件。一个紧绷、非常恐惧、焦虑的人，很难做到无言的交流。若想提升无言的交流的能力，先要让自己保持在放松、深呼吸的状态，甚至需要放空自己的大脑，让大脑回归安静的状态。只有静下来才能生定力，定了才会生智慧，更快地感应到其他人。让喋喋不休的对话停下来，带着放松的状态去观察跟自己交流的人的身体，观察他的面部表情和一些细微的动作，以及他可能有的情绪状态。你可以模仿他的身体语言、表情动作，好像即刻变成对方一样，可以了解对方的情绪感觉，感应到对方的内心状态。

这个练习比较简单，可以训练自己对人的观察力，及感应别人内心的能力。在此基础上，你就可以继续练习。若想改善与某人的关系，你不需要说话，只要试着用目光跟对方交流，主动把目光投放给对方，用眼睛传达内心的声音。就像你青春期时，喜欢某个异性同学，虽没有机会跟他说话，可你的眼睛一直悄悄地跟随他，那个人虽然没有回头，他也能感应到有双眼睛在关注着他。

当用目光跟另外一个人交流时，对方是可以感觉到的，这也是无言交流的一种方式。除了用目光交流，还可以做很多的事情。有些父母跟孩子不常在一起，没办法每天陪伴孩子，会很担心和焦虑，可以用下面三种无言交流的方式与他沟通。

第一，只需在心里想着远方的孩子，或者父母、爱人，让自己在放松的状态下，把祝福送给他。心里想着对方的面容、表情，看着对方的眼睛，在心里告诉他，自己有多爱他，祝福他平安喜乐健康。当你足够专注时，对方就可以收到你所有的爱和祝福。在心里送祝福给他，就会有好的陪伴。你也可以在心里想着对方，把"爱的自由"课程中最有魔力的四句话，反复地在心里对他默念："对不起，请原谅，谢谢你，我爱你！"

你可以想着他的眼睛，也可以想着他整个人，他会收到你的爱和祝福，甚至可以化解你们的矛盾关系。很多来访者需要跟亲人改善关系，但和亲人不在同一个地方，我会指导他们："你不一定要打电话，免得因对方不理解而受伤害，你可以自己先做功课。在心里想着对方，不断重复这四句话，全情投入，不超过21天，你们两个的关系就会发生变化。"有朋友告诉我："很奇妙，每天只用3~5分钟做这件事，跟我有矛盾的那个人某天竟主动打电话跟我示好。"

当然你还可以在心里，把爱、信任和支持用光的方式传递给他。你想象孩子在对面，把内心的爱和信任变成你喜欢的光，粉色光、白色光，或金色的光，想象着光从你心里发出，传到对面孩子的心里，包围着他。你自己笼罩在爱的光里，然后传给对方，让他也在你的光中被包裹，感受你的理解、信任和支持。只需要持续练习一段时间，你就会发现对方发生了很大的变化。

我期望，你也开始做这个练习。如果孩子就在身边，你发现跟他沟通困难，或者他懒得理你，那就让自己静下来，让自己把光分享给他，把爱传递给他，把祝福给他。用这样的方式创造高频的能量场，去影响孩子，改善和他的关系，你一定会有惊喜的发现。

互动分享：

请连续21天悄悄做这个练习，观察会有什么事情发生。

| 第四章 |

巧用沟通提升孩子的自信心

一、自信与自我肯定

（一）自信与肯定

经历了成长和改变之后，你内心有了更大的需求和动力：自己变了，如何帮助孩子呢？这很考验我们沟通的能力。所有的沟通，都是为了帮助孩子成长。你在审视了自己跟孩子的沟通后会感觉沟通非常艰难，甚至让你有挫败感。

有效沟通，跟你以往认为的沟通不一样。沟通的目的不是改变对方、找出谁对谁错，而是让双方相互理解，为了共同的目标，彼此配合。

不同的沟通目的会产生不同的言语行为，无效的沟通会让两人的关系变坏、距离变远，甚至中断联系、关系恶化；有效的联系则会让彼此主动倾听，互相产生好奇，陪伴对方提升自信。

实现有效沟通，需要实际的训练。在现实中，有效沟通的目标是通过反复地练习，让有效沟通变成自己新的本能，以便推动和支持孩子成长，让其变得越来越自信。

先来了解自信和肯定的关系。

自信，就是一个人对自己的信任，对自己有能力自我照顾的确信。

据调查统计，大多数父母内心对孩子的期望底线是，自己离开世界时，能非常安心地相信孩子可以自己照顾自己和他自己的家。父母今天所做的一切，都是有"目的"地培养孩子的自信心。

培养的效果又如何呢？为什么孩子们仍然自信不足？

自信不是天生的。一个孩子来到世界，会本能地探索、尝试，但这些不会自动转化为他的自信。一个人自信的形成要依赖外界对他的回应。这里的外界指他人，准确地说是指"重要他人"。

谁是孩子的"重要他人"呢？孩子出生后，他所依赖的人和养育他的人就是孩子的"重要他人"，比如父母、爷爷、奶奶、保姆等。孩子生命中的"重要他人"要不断给予孩子肯定，当这些肯定达到一定数量时，才能转化成孩子对自己的信任。

"重要他人"对孩子的肯定次数越多越好。在沟通心理学中有个说法，一个人得到"重要他人"的肯定次数在5000次以上，这些他人的肯定才能转化成确定的自我肯定，才能转化成真正的自信。即自信是通过他人肯定、自我肯定转化而成的。

自信是对自己能力的肯定。但有能力的人，不一定会自信。我们发现，身边总有些人，能力很强，可却非常不自信，总是觉得自己不行，不能接受自己的与众不同。能力强与自信是两个概念。因为一个人只有能力，却没有得到对自己的能力的充分肯定，是不会建立自信的。

孩子在长大的过程中，不断学习各种知识和技能，不断经历各种各样的事，生活经验越来越丰富，能力也越来越强，但孩子在能力增强时若没有得到他人和自己及时、充分的肯定，则无法建立自信。

"孩子没有能力不足的问题，只有能力未得到及时肯定以及能力运用不足的问题。"能力要得到及时的肯定，才能转化成自信。所以肯定才是能力转化成自信最重要的环节。比如，烧了一桌菜，每个人都不断赞叹菜好吃、味道好、颜色好，烧菜者就会肯定自己的厨艺。下一次又做，又得到众人的肯定，有几次这样的经验后，烧菜者就会慢慢形成好厨艺的自信。这样的自信会推动烧菜者主动展示厨艺。成年人自信的培养是这样，孩子自信的培养也是如此。

肯定是自信形成的重要基础。肯定与日常所说的表扬、赞美、鼓励不同。表扬和赞美，是做好某件事而得到的夸奖，比如"太棒了，你太了不起了"；鼓励，是暂时没有做好某件事，希望下一次好起来，将注意力放在了下一次。这些都是有条件的，所得的表扬和赞美之词比较虚泛。

而肯定的意义是实事求是，要求具体、真实。"今天你把鞋子摆得很整齐，这是个好习惯，妈妈很高兴。"这个说法就代表肯定，先客观描述了一个具体的行为及这个行为背后的能力，再加上妈妈的态度。这个过程就非常真实地描述了孩子的行为和能力，让孩子知道自己因为什么被肯定，指导了孩子下一次的行动方向。让孩子多做、多做到、多因做到而得到肯定，就可以帮助孩子建立真正的自信。这就是有效沟通的过程。

有效的沟通从学习肯定开始，一个会肯定的人，才能够帮助孩子真正建立自信。如何有效肯定？后文会继续训练和分享。当开始进入真实、用心、有效的沟通状态时，你已进入了一个有效的学习状态。

互动分享：

觉察回顾你过去是怎样肯定孩子的？在学习了今天的内容后，你又会怎样肯定孩子？

（二）提升自我价值

前文关于自信与肯定的关系，也许会让你恍然大悟：难怪过去说了很多赞美孩子的话都没什么效果，甚至孩子会说自己假。原来不实事求是，无法培养孩子建立真正的自信，也无法与孩子有效沟通。

通过跟孩子表达想法，使孩子越来越自信，这样的沟通就是有效的。假如你说得有道理，可孩子却越来越糟糕，那就是无效沟通了。所以判断沟通效果的标准是孩子的真实表现和反馈。在我的实地培训课程"爱的自由"和"亲子导师班"中，有许多关于沟通技巧的训练，可以提升有效沟通的能力。

提升了自信之后，可以了解如何提升自我价值。自我价值在最初是通过父母的接纳、肯定、承认、赞扬、表扬、鼓励等方式逐渐建立起来的。每一个活在世界上的人必须有足够的自我价值，才能获得足够的尊重和爱。就像生活中越值钱的东西，人们会越珍惜它；而那些没花钱、不值钱的东西，会轻易地被忽略、舍弃。

社会中有多起中学生跳楼、割腕等让人心痛的案例。认为自己没价值是这些事件的主角产生自杀行为的重要原因。一个觉得自己没用的人，会不断否定自己，不喜欢自己，不相信自己，甚至放弃自己。每一个这样的惨痛事件，都会激起人们反思：为什么我们如此珍视的孩子，却这样轻易地放弃自己？

自我价值包含三个部分：第一层次是自信，自己相信自己；第二层次是自爱，是指爱护、珍惜自己；第三层次是自尊，指既不对别人卑躬屈膝，也不允许别人歧视、侮辱自己。一个自我价值高的孩子，一定有充分的自信、自爱、自尊，一定喜欢自己、悦纳自己，会照顾自己、爱自己、保护自己。我们希望每个孩子都成为自我价值足够高的人。

自我价值不高的人，会有两种极端的表现：一是自傲，看不起别人，觉得很多人身上有这样那样的问题，把注意力放在找对方的缺点和毛病上，以证明自己比别人好；另一种极端表现是非常自卑，总觉得自己不够好，遇到问题总觉得是自己的错。这两种极端表现都源于与他人的比较。在与别人的比较中，孩子容易迷失自我甚至丧失自我，造成许多问题。我最初在学习这部分内容时，查找了一百多个个案，发现所有成人、孩子的问题，深层原因都是自我价值不足。比如在电视剧《人民的名义》中，其中一个贪官因从小贫困而自卑，不断地通过金钱满足自己。许多人用权力、名牌、金钱等外在条件证明自己的价值。但是这些比较会增加自己内心更深的恐惧。

请先做一个自我评价，你的自我价值如何？是否也有上面两种极端表现？提升自我价值只有一条途径，就是在心理上建立真正的自信、自爱、自尊。

一个基本的方法是跟自己做纵向比较，不与他人做横向比较，就是以今天的自己，跟昨天、前天的自己比较，看到自己的成长与进步，以此建立自信、自爱和自尊，如此可以不断提升自我价值。

首先，提升自信是提升自我价值的基础。要成为一个自我价值高的人，一定要从培养自信开始。如何培养自信？唯一的途径就是多做、多做到、多因做到得到肯定。通过不断地尝试，培养能力、丰富经验，再通过多次成功，得到他人的肯定，自信就会逐渐培养起来。所以父母要鼓励孩子多去做各种尝试，同时悄悄地帮助孩子多做到，多给予孩子肯定，以此增强孩子的自信，孩子的自我价值自然会提升。

其次，培养孩子的自爱。怎样叫自爱？对待自己，要像对待日常生活中你最爱的宝贝一样。假如你喜欢玉器或古董，也许你会经常小心翼翼地拿出来把玩、擦灰尘，不断跟它接触，把它放到非常安全的地方……同理，你也要给自己的身体足够的关注和爱惜。爱自己的身体，关注自己的身体。你可以观察自己的呼吸，接受自己所有的情绪，所有这些都是自爱的基本做法。

最后，在爱自己的基础上，学习尊重自己，提升自尊心。在你的生命中，你觉得谁是你最尊重的？你怎样对待你最尊重的存在？也许你想到每次升国旗时，油然而生的自豪感和尊重；也许你想到对某位长者的尊重，每次见到他，你会鞠躬，你会发自内心地向他表达敬意。那么你如何尊重自己呢？你要尊重自己的感觉，要经常跟自己的内心连接，珍惜自己的生命，珍惜自己的感受。当你视自己为珍宝时，你的自我价值就提升了。

自我价值高的人，是开放的、宽容的、主动的，是情绪稳定、不受外界干扰和影响的。他们能对自己如此，对他人也是平和、自然、值得亲近的。一个自我价值高的人，是受欢迎的、有魅力的人。

提升自我价值的过程就是一个人被培养的过程。每个人都需要学习如何提升自我认同感，活出真正独一无二的自我。

互动分享：

1.衡量一下你的自我价值，1分到10分，10分是最高分，你给自己打几分?

2. 评估一下孩子的自我价值有几分?

请你思考如何快速提升自我价值,帮助孩子提升自我价值。

(三) 有效的自我肯定

自信和自我价值是很多成年人的短板。有人说:"我从小就没有得到肯定,父母要么打我,要么骂我,要么不理我,我自己也不断地否定自己。"

通常父母缺乏自信,就会把希望寄托在孩子身上。因为他们发现,自己的收入不会有太大的变化,工作也不会有什么大的调整,但是孩子还有未来。于是,他们就把所有注意力和期待押在孩子身上。把最好的一切,包括时间、精力、金钱全部花在孩子身上,希望孩子会好一点,让自己可以在众人面前扬眉吐气。

父母对孩子的控制和要求那么严,是因为把孩子当作自己生命的一部分,当作他们的成绩和延续,希望孩子给他们争气,证明自己作为父母的价值。父母如此对待你,你又在不知不觉中,模仿着父母,也把最好的给你的孩子,把一切可能都提供给孩子,希望孩子过得好。父母常说:"我书念得不好,希望你超过我。我没什么大的出息,希望你比我有出息。"然而,把孩子作为自我价值的加分项,会激发孩子的反抗,产生无效的沟通。

自我价值高而自信的父母,持有开放和平等的态度,跟孩子在一起没有焦虑,会跟孩子有更多界限上的区分:你是你,我是我,我们两个各自有各自的命运。我们互相尊重,这样的关系会更加和谐、亲密。

在我的女儿上小学前,我帮她准备好文具,然后跟她进行了一次认真的谈话："从现在开始你要上学了，学习是你的事，跟我无关，考得好是你的荣耀，考不好也是你自己要体验的。妈妈很努力，也很勤奋，不断地超越自我，已经足够好了。妈妈会继续这样做，能自己照顾自己。你不需要证明给我看你有多好，你只需要证明给你自己看，你有多爱学习，你有多爱自己。所以我不会看着你学习、写作业，我相信你会自己做到。"从此，我把孩子的学习完全交给她自己，无论她考多少分，试卷上有多少红叉，我都平静地对待，其余的让她自己去面对。这样做，让孩子觉得学习是自己的事，分数提升或下降，她都要自己负责任，她知道自己可以怎么做。所以在她读书的过程中，我们没有为她的成绩影响过彼此的情绪和感情，给了她充分的自我照顾的空间。她也找到了自己努力后快速提升成绩的自信，找到了适合自己的学习方法和节奏，感受到自己负责的快乐。

有很多时候，父母跟孩子的界限不清，对孩子的干预过多，易造成父母迷失自我。改变的途径之一是提升自信。不管父母是否在世，已成年的我们，都可以不再依赖父母、领导和其他人。我们可以自己训练自己，把成长中欠缺的5000次肯定，通过自我肯定补上，提升自信心。

自我肯定就是自己肯定自己。如早晨起床洗脸时，对着镜中自己的眼睛说："你今天很有精神，你很了不起，我喜欢你。"这就是自我肯定。今天按时按量地完成了工作，拍拍自己的肩膀说："今天你很了不起，肯定一下。"这也是自我肯定。若工作完成得不好，有些沮丧，也跟自己说："我看到自己很沮丧，这是真实的。沮丧的我，需要关注。"坐下来拥抱自己，这也是有效的自我肯定。只要愿意，你随时随地都可以给自己足够的肯定。

也许你在怀疑这是阿Q精神和自我安慰。自我肯定不是自恋，也不是以自我为中心，更不是自私、自傲和自我欺骗。自我肯定，就是对自己生命负责任的一种态度。时常觉察自己，关注自己的身心状况，给自己身心认可和陪伴，这些事恰恰是一个人积极生活、非常负责任地爱自己、尊重自己的具体表现。

一个人非常真实地进行自我肯定时，是身心合一、实事求是的，绝不会欺骗自己。有效的自我肯定可以帮助自己从自我匮乏、自我否定的状态中解脱出来。

每个人每天有40~50万个念头，其中绝大多数都是负面的自我否定。随时随地的自我否定会让自己掉进低频能量中。换种方法进行自我肯定，对自己说："我看到自己又在否定自己了。"这个念头一出来，就阻止了自我否定，让自己停在当下，告诉自己："接受这个匮乏的我、否定的我，这是目前为止我能做的最好的事。"这样，就可以实事求是地接受当下的自己。自己被看到、被安慰，就会产生一份力量、一份感动，而这份力量和感动，属于高频能量，可以提升自我肯定的能力。

有效的自我肯定，可以让自己从自我否定中解脱出来，从创伤中解脱出来，让每一个当下都变成转化能量的起点。所以，无论此刻自己有多悲哀、多内疚、多自责，都请对自己说："我看到自己的自责、内疚，这也是真实的我。"拥抱当下的自己，做自己的疗愈师。

有效的自我肯定，可以从对父母、权威、外界的依赖中解脱出来，真正承担自己生命的责任。每个人既改变不了父母，也改变不了外界，但可以在每个当下照顾自己，在心里对自己说："我爱你，我接受你现在所做的一切。"

有效的自我肯定，会让自己随时随地拥抱真实的生命，会越来越有力量，有效提升自我价值。

比如对于跳舞，很多人因为害怕被别人笑话而把注意力放在别人对自己的否定上，所以不会轻易在众人面前展现自己的舞姿。可当在广场上跟随很多年长的人跳舞，体会到扭动身体的快乐和自在时，那一刻是开心的。当然，也可以在家里闭上眼睛，放首曲子让自己舞动起来，享受跟自己在一起的喜悦和快乐。然后将自己的喜悦和快乐分享给孩子和家人，高频能量就能自然地在身边流动和传播，这样的行为可以作为培养孩子自我肯定、自信和自我价值的示范。

互动分享：

回忆你最有效的一次自我肯定的经历。

（四）实用技巧：自我肯定

心理成熟的成人不再依赖小时候的父母和其他权威或长者，可以自己承担责任，可以随时随地进行有效的自我肯定，完成从不自信到自信的转变，提升自我价值，成为孩子的榜样。

现在请你准备好，放松下来，完成一次自我肯定的训练。

在一个不被打扰的空间里，关掉你的手机，让自己放松下来，可以坐着，也可以躺下来。

邀请自己进入到经常有的内心对话情景里，回想那些经常否定自己、责怪自己、不接受自己的情形。也许是跟孩子进行无效沟通后产生了挫败感，也许是与爱人发生冲突后，陷入自我否定和自我伤害的状态。无论哪种情形，在接下来的过程里，都让自己尝试，体验自我肯定带给你的疗愈和陪伴。

请让自己听到内心那些否定的对话，然后试着伸出右手，放在自己左胸前，轻轻地、慢慢地拍动自己的左胸。你一边拍一边轻声对自己说："我不完美，但我的明天会更好。"再伸出自己的左手，放在自己的右胸前，仍然是轻轻地，带着感情说："我深深地、完全地爱和接纳我自己，虽然我现在还不完美。"你可以跟随内心，继续完成这段话。无论头脑中出现任何否定自己的对话，你都可以将那些对话放在这句话的后面："我深深地、完全地爱和接纳我自己，虽然到现在我还……"把头脑中所有否定自己的对话，全部放在省略号后。无论你多么否定自己，都接受当下这个否定自己的状态，这就是真正的自我肯定。

现在用你的右手拍自己的左肩、左胸，轻柔地对自己说："我不完美，但我的明天会更好。"用左手拍自己的右胸、右肩，对自己说："我深深地、完全地爱和接纳我自己，虽然到现在我还不能……"

当你接受了自己每个当下最差的表现时，你就可以深深地、完全地爱和接纳自己。这样左手拍右胸，右手拍左胸，像安抚内心的小孩一样，全然地陪伴、爱和接纳自己。

也许你的泪水已经顺着脸颊流下来，像受委屈的小孩一样泣不成声，就让自己宣泄一下吧。也许头脑中会跳出来"我怎么还这样"的声音，让这个声音被允许和接纳。

这就是自我肯定的过程，肯定自己的不完美，肯定自己曾经的努力，肯定自己当下所做的一切。这是对一个真实生命的认可，是对自己每一个当下的认可。

每当听到内心自己否定自己的声音时，就让自己静下心来，对自己进行这样的安抚和肯定，让自己回归平静，回归自然。

互动分享：

连续21天做本节内容提到的冥想练习，观察自己和孩子将会发生怎样的变化？

二、有效沟通的三要素

（一）有效沟通的要素

父母提升自信之后，如何通过有效的沟通培养孩子的自信？

说到沟通，头脑中先反应的是"我要说什么？"将沟通等同于说的内容，是人们对沟通的误解。人们通常会在进行一次重要的沟通前做足准备，甚至可能会打好草稿，一字一句地写下要说的内容，在文字上下足功夫。可是在实际的沟通中，文字所起的作用其实不是百分百。说什么并不重要，怎样说才重要。

现在请你放松下来，用心感受我接下来的示范，然后分享你的感受。我将变换声调，只说三个字"大家好"，请你反馈，哪一次是我真心实意地问好；哪一次让你觉得我说的话言不由衷，甚至有些虚伪。

第一次，我的声调又高又快又急："大家好，大家好，大家好！"第二次，我说得又慢又柔又低："大家好，大家好，大家好。"第三次，我用中等的音量和语速语调说："大家好，大家好，大家好。"

你发现了什么？同样"大家好"三个字，我用不同的语速、声调和不同的语气表达，呈现出了完全不同的效果。这说明声调是除文字之外的重要的沟通要素。

有效沟通的要素，包括文字、声调、身体语言。在有效沟通中，文字发挥的作用占比是7%，声调是38%，身体语言是55%。这就是很多人常说的"55—38—7"比例。看电视比听广播更形象，因为看电视会动用视觉和听觉两种感官通道，而广播只能听声音，只动用一种感官。多通道的感官刺激一定强于单通道的感官刺激。

有效沟通除了说什么，更重要的是怎么说，就是用声调和身体语言如何表达说的内容。也就是说，怎么说的效果要占93%及以上（声调占38%，身体语言占55%）。所以说什么并不重要，怎么说才重要。

回想在日常生活中，你最讨厌别人用怎样的声调跟你说话？最讨厌别人用怎样的身体语言跟你沟通？你最常用哪种声调和身体语言跟孩子说话？你周围最受欢迎的人与你沟通时有什么特点？他的声调和身体语言是如何表现的？你最怕和最讨厌的人跟你沟通时有什么特点，他们的声调和身体语言又是怎样的？

当你找到以上问题的答案时，你也许会哑然失笑：原来人和人的沟通，真的不是由说什么决定的，而是由怎么说决定的。而过去自己竟然完全忽略了这些，难怪自己与别人沟通时总是感觉非常挫败。

不是所有的沟通都有效，沟通效果在很大程度上是由对方决定的。比如，若要跟孩子进行沟通，虽然是你主动发起了这个沟通，但沟通的效果是由孩子决定的。不管发起沟通的人说得多么对，对方若没有接收到，就是无效沟通。很多父母常抱怨："我说了这么多遍，为什么你听不见？为什么你还不改？"这个责任需要父母自己承担，父母必须主动改变自己的沟通方式，直到沟通有效为止。

坚持重复无效的沟通，会让双方的关系变得越来越坏、越来越疏远，甚至关系破裂。

互动分享：

用文字记录你跟孩子有效、无效沟通的经历各一次，分析声调和身体语言在这两次沟通中各起了什么作用。

（二）身体语言

身体语言在有效沟通中发挥了55%以上的作用，那么如何让身体语言发挥好这55%的作用？身体语言包括哪些？先来完成以下测试。

第一，请你回忆在和孩子沟通时，你的眼神经常看向哪里？是牢牢地盯住他，还是看其他地方，不和孩子有眼神交流，或要求他看着你？你在和孩子沟通时，是否面带笑容？

第二，过去你在和孩子沟通时，你的坐姿和你们之间的位置是怎样的？你会仰躺在沙发或床上，还是坐在沙发上？孩子与你沟通时，会选择什么位置、坐姿？

常有这样的沟通画面：妈妈坐着，孩子站着；或孩子坐着，妈妈、爸爸站着，面对面而立；或两人不在一室，一人在厨房，另一人在卧室，喊着说话，完全无身体语言的配合。你觉得最有效的位置关系是怎样的？

第三，你跟孩子沟通时，经常做什么手部动作？是用一根或两根手指指向他，戳着他的脑门？还是拍着他的肩膀？或者双手抄在胸前或双手插在口袋、藏在身后？又或者手里拿着某样东西，比如一卷纸、一把戒尺等？

第四，你跟孩子沟通时，发现哪些身体语言对你们的沟通最有效？比如拥抱、握手、拍肩膀、摸他头发等。他最喜欢和最讨厌的身体语言是什么？

对不同年龄的孩子，你常用的身体语言一定不同。孩子小的时候，你抱他、亲吻他的时候多，可能跟他一起爬、一起打滚。孩子大了之后，你和他沟通的身体语言会发生很多变化，你注意到这些变化了吗？

以上这些测试题目，可以让你了解哪些身体语言在影响着沟通效果？身体语言包括面部表情、双手的姿势、站立或坐姿、二人位置关系等。每个人在与其他人沟通时，身体的每一部分都在无意间配合所讲的内容。当身体僵化或与所说的内容相反时，对方只接受所见到的身体语言，而不是所听到的内容。

同样是跟孩子主动沟通，在不同空间里的沟通效果完全不同。一个场景是：孩子放学后在客厅里，妈妈在厨房里做饭，对孩子大声喊着："赶紧写作业，你今天考了多少分？今天学校发生了什么？"妈妈声音很大，努力跟孩子沟通，可是孩子毫无兴趣。他可能应付上几句，很难产生密切融洽的沟通效果。另一个场景是：爸爸在接孩子放学的路上，一边开车，一边跟后座的孩子说话："今天怎么样？"孩子说："没啥。"爸爸问："有没有淘气？"孩子回答："没有。"爸爸又问："有没有被老师批评？"孩子又回："没有。"这种对话可称得上是艰难的"尬聊"。在第三个场景中，父母跟孩子外出散步，手牵手，肩膀挨着肩膀，他们一边走一边聊天，声音很轻很柔，孩子非常主动地讲出了很多心里的秘密，亲子关系非常亲密融洽；或者孩子坐在爸爸座位的旁边，爸爸说话时转头看着孩子，观察孩子的表情，拍孩子的手或肩膀，孩子可能就表现得非常活跃，主动讲学校发生的事。

为什么同样是沟通，呈现出的效果却如此不同？

你自己一定亲身体验过，不同的身体语言在沟通中发挥的作用。比方你跟爱人沟通时坐在他旁边，而他要么看电视，要么看手机，要么翻报纸。你即使有很多话想跟他说，但此时的氛围和他的身体语言让你的沟通欲望完全丧失，甚至很生气，心里想着：你根本不在乎我。然后愤然离去，把他一个人丢在客厅里。他则感觉莫名其妙："你怎么不说了，我在听着啊？"

他的耳朵在听，可他的眼睛没有看你，脸上的表情也藏起来了。你感觉不到他的专注和用心，这会让你觉得非常受伤。若干这样的经历，让人无法忽略身体语言在沟通中产生的无形的作用。

如何在家庭中运用身体语言，增强亲子沟通的效果？

第一，身体的接触，在与任何人沟通时都重要，无论是成人还是孩子。孩子年龄越小，越需要拥抱和身体的触摸。恰当的身体接触会有效增强沟通效果。

第二，孩子越小，安全感越不够，需要多听一些睡前故事。讲睡前故事时，尽可能让灯光暗下来，用手轻轻抚摸孩子的后背和全身，用轻柔的方式抚摸孩子，这样做可以让孩子在睡前安静下来，让孩子感觉足够安全，容易让孩子进入梦乡。

第三，有些孩子在5岁之前基本听不进大人讲的道理。他发脾气时，你跟他讲道理是无效的，还会让他更烦躁、更加易怒。这时建议你走过去，闭上嘴巴不说话，轻轻地把他抱在怀里，轻柔地抚摸他的身体。他开始也许会反抗和挣脱，但你只要平静、安然地持续这个动作，在他耳边轻轻告诉他："妈妈爱你，爸爸爱你，你是安全的。"孩子会在几分钟之内快速安静下来。不需要说教，只需要用身体语言让他感受到你的接纳和爱，他会很快安静下来。

处于青春期的孩子，无论男孩、女孩，若要与他们有身体接触，需要先征求并尊重他们的意见。如对十多岁的孩子，若想抱抱他，需要先问他："我可不可以抱抱你？"假如他允许，你就给他一个比较实在的拥抱。请注意，拥抱处于青春期的孩子，不要用敷衍或轻佻的、让他感觉痒的动作，这会让他觉得不舒服。处于青春期的孩子，比较怕别人触碰他们的头部，一是怕碰坏了发型，二是不希望自己的头顶（最高处）被触犯。所以，轻易不要触碰这个年龄段的孩子的头部，除非你征得他们同意。你可以抚摸他们的肩膀，轻拍他们的后背，给他们一个结实的拥抱，这些他们都会需要。

互动分享：

请尝试运用身体语言和孩子进行沟通。

（三）语言的禁忌

针对在沟通中发挥作用占7%的语言，我分享有关语言的禁忌给大家。

有人经常跟别人说："我是个心直口快的人，想到啥就说啥，所以请体谅我说话不周。""我这样说都是为你好，所以，你要接受我。"这实际上是让别人为自己不会说话买单，显然是强人所难。你的心直口快，可能让对方有压力，甚至让他觉得压抑，让他害怕你，想远离你。

在我小的时候，有个亲戚说话非常直接，想到什么说什么，完全不在乎别人的感受。我跟她在一起总是害怕，怕她像拿刀戳一样，一句一句地把我戳得体无完肤，虽然知道她是一个心直口快的人，但心里仍想逃离被她狠戳时的尴尬和难过，总想离她远点，不愿意与她沟通。

与别人沟通时，不能只满足自己，说自己想说的话，而要在乎对方的感受。思考怎样的沟通可以真正帮助到他？

先来看沟通的几个原则。

第一，为了跟对方进行有效的沟通，要在说每一句话之前问问自己：这样说会增加对方的力量，还是减少对方的力量？在做每个动作前要问自己，这样做的效果会更好，还是更差？

第二，在跟对方沟通前，要明确衡量沟通效果的唯一的标准是对方的感受好不好。如果对方反馈的不是我们所期望的，彼此并没有因沟通变得更好，说明彼此沟通的语言是不合适的、无效的。这时要问自己："我坚持这样说，到底是为他好，还是为自己好？"

第三，在注意语言禁忌前，要考虑语言文字可能会提升或降低对方的能量，自己需要承担每一次沟通的责任。假如沟通时你伤害到对方，破坏了你和对方的关系，这个责任必须自己承担。所以，要把随便说话改为有意识地选择文字和表达，能够做到字斟句酌，进行有选择、有意识的沟通。

沟通时，语言文字有哪些忌讳？我梳理概括为以下三点。

第一，要说肯定的正面词语，比如"是什么""要什么"，而不是"不要什么"。我们从小到大习惯被教导说"不能怎样""不许这样""不该那样"，总是被教导"不要"。可是，这会给孩子造成负面的暗示和催眠：越"不要什么"，就越被提醒成为"什么"。家规、班规、校规以及单位的规则，一条条的"不许""不要"，在每个人的成长中，发挥了负面的暗示作用。越不让怎样，接收到的暗示就是越要怎样。比如这个小实验，听我说："请不要想大熊猫，不要想黑白花的大熊猫，不要想脖子上挂着铃铛的大熊猫，不要想四川乐山的大熊猫。"你头脑中想到的是什么？全都是大熊猫，是吗？

因为每个人的潜意识不会处理"不怎么样"，只会处理"不"后面的"怎么样"。所以，让你不要想大熊猫，而你想到的就是大熊猫；让你不要紧张，你想到的是紧张。

第二，请把你经常说的"你想怎么样""你要怎么样""你愿怎么样"改为"是怎么样"。比如把"怎样做个好孩子"改为"想做个好孩子""要成为好孩子""愿自己是个好孩子"，听起来感觉怎样？当改为"你是个好孩子"，就可以肯定、确定这个说法，比"你要""你想""你愿"更有意义。所以可以把"想""要""愿"改为"是"。

第三，把你认为"必须应该怎么样"，变成可选择性的语言"也许""可能""我猜想"。以往你对孩子说："你必须这样做。"孩子会觉得："为什么？凭什么？"不给孩子选择的余地，就会激发孩子的逆反心理。现在改变成"也许你愿意这样做"等有选择余地的说法，让对方不知不觉地跟随你、同意你的说法。

第四，把"但是"改成"同时"，把"如果"改成"当"，把"不能"改成"不会"。过去常对孩子说："你过去表现得挺好，但是，要是以后也这么好就好了。"这是对孩子变相的否定。当你把"但是"改成"同时"，会让孩子觉得心里舒服，增加了孩子配合你的可能性。

一词之转，会让对方觉得心甘情愿。你跟孩子说："如果这次考试考得好，我会给你买辆自行车。"孩子会赌气说："我考不好。"你不妨换个说法："你这次考得好，我会给你买辆自行车。"孩子就把注意力放在考得好上，会对自己充满信心。

把"如果"改成"当"，把"不能"改成"不会"，"不能"是对能力的否定，"不会"则是有意愿再去做选择。这些引导式用词，会帮助你很轻松地把孩子引导到想要他去的方向。

无论你说什么，都要注意不要在身份层面否定对方。不要说孩子"不是学习的料""不是好孩子""不是好学生"等。你可以在行为、能力层面去指导、否定他，比如说："今天作业没做好，你看看怎样做?"

互动分享:

1. 回想父母当年说的对你伤害最大的话是哪三句?

2. 你的孩子最讨厌你对他说哪三句话? 在这三句话里，你想到了什么?

(四)实用技巧:声调训练

对中国人来说，声调的运用在沟通中是很多人的弱项。研究机构多次测试发现，在内视、内听、内感三种学习类型中，中国人的内听能力最低。这跟成长环境有关。小时候父母吵架，对孩子来说是很恐怖的经历，很多孩子选择自动关闭对声音的摄取能力。很多人对声音的反应和运用能力，相比视觉和内感来说要弱;同时人们习惯了在高分贝的环境中生活，无论是在餐厅还是车站里，人们用喊叫的方式大声交流，对比较细微的声音变化，辨别力比较低。

大部分人都不太习惯也不喜欢听自己声音的录音，觉得不像自己的声音。因为对方听到的声音和自己耳朵收听到的，有延时和音质的差别。

绝大多数人很少主动关注和训练自己的声音，也没有注意到声调对自己与人沟通产生的影响。声调最容易通过训练改变，只要稍加训练，就会快速提升语言表达的魅力。

可以用两种方法训练自己。一是手机录音，可以录一段话，然后重听，感受自己说话的声调特性，慢慢地区分手机记录的声音和口中说出的声音，用这样的方式训练自己的听觉。

可以找个人一起进行声调训练。假如你的孩子愿意跟你一起训练，他会是一个非常棒的老师。你说一段话，让对方来重复你说的话。当他重复的音量、声高和语速接近你时，你再模仿他说话。你会发现，借助对方你可以了解你自己常用的声调，也可以发现你的声调待提升的领域和空间。了解了自己的声调特性，才能有意识地训练自己。

声调的特性包括音量、语速、音高。音量有大、中、小之分；语速有快、中、慢之分；音高有高、中、低之分。除此之外，还会有些语气词和尾音。不同的声调特性，会给人不同的感觉，潜意识会自动识别声调，做出本能的防御反应。

如听到老虎吼叫的声音，人也会本能地采取防御措施。生活中若有一个人像老虎吼叫一样说话，你会有怎样的感觉？很多妈妈在早晨叫孩子起床时，基本是这样说："赶紧起来，赶紧吃饭，吃完饭穿衣服。马上去上学，赶紧了！赶紧了！"声调又快、又高、又急，听起来是不是跟老虎吼叫给你的感觉相似？也有妈妈用另外的方式叫孩子，用非常慢、低沉、温柔的声调对孩子说："宝贝，起来吧！看看都几点了，再不起来会迟到了，迟到会挨老师的批评，那可怎么办？"这样的声调，会对孩子有推动力吗？当然也可以用中等声调和音量、语速，对孩子说："到7点了，只有10分钟的起床准备时间。现在我告诉你，马上起来穿好衣服，吃饭上学。"催孩子起床，这三种声调，哪种能够成功呢？高、快、急的声调，会给人恐惧、紧张、催促、讨厌、想要逃避的感觉；特别慢、柔、低的声调，虽然感觉舒服、放松，但同时给人无力的感觉；中等声调则会让人感觉威严、有威力，是一种有压力的推动。不同声调的物理特性给人不同的心理感觉，也直接影响着沟通的效果。

有的人不喜欢跟说话说得特别快的人交流，有人则不喜欢跟说话说得特别慢的人交流。换个角度说，最有效的声调就该是灵活多变的、能适应对方的。这要考虑对方的声调特性，以及沟通环境和沟通目的。

不能强迫别人必须适应自己单一的声调，要有意识地觉察和训练自己的声调，用不同的声调，灵活配合不同的人、不同的环境和不同的目的。当你在跟别人说悄悄话时，可以用很柔和、小声、细腻的声音；当你看到一辆汽车驶过，一个孩子在路中间很危险时，就要大吼一声，让孩子停住；当你遇到一个说话很快的人，就要配合对方快节奏的说话方式；而遇到一个说话不紧不慢的人，就可以用不紧不慢的腔调与他交流。这样你跟谁都可以谈得来，并不因为你说话的内容是对方喜欢的，而是因为你声调的特性，让对方感觉跟你在一起很舒服，愿意跟你沟通。

所以，说什么远远没有怎么说重要。

训练自己的声调，要不断拓展自己的音域。怎样了解自己的音域？先了解自己的常用声调处于高、中、低哪一层次。常用声调之外的部分，都是你可以拓展的领域。

你需要了解自己日常的声调，然后找一个人和你一起体验用不同层次的声调说话的感觉。随意地调动自己的声调，让自己的声音在上、中、下不同的疆域里自由穿梭。若你平时说话的声音又低又慢，那就训练自己说话声调高一点、快一点、急一点；若你平时说话总是不紧不慢的，你可以让自己的声音又高又快或又慢又柔。多次训练之后，你会发现，你的语言表达越来越灵活，越来越有吸引力、有魅力。这就是声调提升训练的魅力。

互动分享：

录一段你日常说话的音频，分享给同伴和孩子，让他们跟你分享听你说话的感受。有意识地训练自己声调的不同状态，让自己说话更有魅力。

三、沟通技巧："先跟后带"

（一）认识"先跟后带"

在综合的沟通技巧中有一个概念叫"先跟后带"，指为创造有效的沟通，要在语言、声调、身体语言三个方面同时跟随对方的频率和节奏，待创造和谐的频率后，再把对方带到共同的目标方向中。

在这里我用一个例子来说明"先跟后带"的意义。一个高个和一个矮个在路上散步。高个子走一步，顶上矮个子走三步。矮个需快速挪动双腿，小跑着才能跟上高个。两人若想一起散步，但不注意自己的步伐，矮个会很辛苦，跟不上高个，最后两人无法享受一起散步的乐趣。

假如两人想同享同行的快乐，彼此都会观察对方，有意识调整自己的步伐。高个会把步伐放缓、放小，矮个也会有意识加快、加大步伐，两人都做了调整，就可以一起享受散步的乐趣。

这个例子也可说明现实生活中两人的沟通问题。

过去你在沟通中总是习惯告诉对方他错在哪里、自己对在何处，对方应该听自己的。这样的沟通往往是无效的，因为对方要维护自己的观点，不会接受你的说教和否定。沟通的结果常常是不欢而散。常有人问："你还会不会跟我好好说话，你还让不让我跟你好好说话？"

如有个小朋友跟父母炫耀："你看我做的手工多棒啊！"父母随口抛出一句："你怎么把我的纸给撕了？"亲子之间的沟通戛然而止，甚至可能有一场战争爆发。

还有个孩子跟妈妈说："老师今天把我叫到办公室了。"你听到后马上说："是吗？肯定又犯错误了，告诉我犯什么错误了？"然后孩子垂头丧气，再也不跟你讲话。过几天老师告诉你："你的孩子前几天表现得特别好，我把他叫到办公室，给了他一朵小红花，那天他特别开心。"你当时的感觉如何？

要想跟对方有效沟通，必须学习"先跟后带"，先在语言、声调、身体语言上跟随对方，找到与对方相同的频率，以此为基础建立和谐关系后，再将对方带到自己期望的方向。

怎样做呢？先学会倾听。用心听对方在说什么，感受对方的情绪，辨别对方的身体语言在哪个频率上，然后跟随他，将自己的语言、声调、身体语言的频率调到同一频率中。

例如，孩子跟你说："我今天做了一件很伟大的事，我在教室把作业本给撕了。"运用"先跟后带"技巧，你应该怎样做？

第一，求同。你把你认同孩子的部分复述出来。你说："是吗？你是说你在教室里把作业本给撕了？"这些话都是他说的，你只是用问句重述，没添加个人主观评判的任何用词。

第二，取异，找出他说话的内容中你不认同的部分。"你撕了作业，你觉得很伟大，我没想到你会这样想，你竟然这样定义伟大的含义。"这也是一个"先跟后带"的方法。

第三，你可以全部跟随他的节奏，再去带动他。"你做了把作业本撕掉这件伟大的事，是真的吗？我今天碰巧也看到一件伟大的事，你想不想听听呢？"你不用否定对方，只需要重复对方说话内容中的一些字句。你不否定他，他就愿意继续沟通下去，后边才可能继续深入沟通。跟他谈一谈撕掉作业本这件事是不是真的伟大，再跟他谈谈，除了撕掉作业本，还有什么事情是伟大的？这个"带"，才开始有作用、有效果。假如一开始你开口就说："你撕了作业本还觉得自己伟大，是不是脑筋搭错了？"你全盘否定他，两人的沟通将立刻停止，你无法了解事情的缘由，更无法引导他认识什么是真正的伟大，彻底丧失了一次宝贵的沟通机会，也让你和他的下次沟通变得更加困难。

"先跟后带"需要进行多次的训练。最基础的训练就是重复对方说话内容中的一些重要字句，不加个人评判，不改变对方表达的意思，只用对方的原词，就可以有效地完成"跟"这个步骤。当你不断地"跟"，让对方每次只能回答"是"，当有三个"是"时，两人的沟通就和谐了。那时再去"带"，他就很愿意跟你深入交流了。

互动分享：

分享一次你与家人沟通时的"先跟后带"过程。

（二）声调的"先跟后带"

"先跟后带"的沟通技巧很受大家欢迎，常有峰回路转的神奇效果。

你有没有这样的经验？你不跟孩子谈学习和让他头痛的事，他跟你相处得挺好；一旦你恢复说教的声调，孩子立马就有反应："我讨厌跟你说话，懒得理你。"

孩子这样说，你一定很恼火，甚至让你很愤怒，产生了挫败感。在学习了情绪处理之后，你可以管理自己的情绪，情况会稍微好一点。但当你无法管住自己时，又会陷入新一轮的无效沟通。你忍不住唠叨孩子，孩子会愤然离开。你自言自语甚至流泪哭诉，变成受害者。

上面的场景经常出现，影响着亲子之间的沟通。为什么声调在有效沟通中发挥的作用占38%以上？因为声调和身体语言直接作用于潜意识，潜意识自动把声调区分为危险或安全的，同时配合相应的反应，危险的就防卫、逃避，安全的就忽略。

人与人的沟通始于声调，而非语言。比如孩子放学回来，非常高兴地大声喊："爸爸妈妈，快点儿来看呀，看看我手里有什么好东西！"你在房间里正忙其他事，没办法出去看，就用了慢而低的声调回应他："你带了什么好东西回来啊？"文字上虽没问题，可孩子可能会骤然丧失与你沟通下去的兴趣，因为你说话时慢吞吞的声调与他说话时高、快、响亮的声调完全不同频，让他觉得索然无味。

有时候，孩子心情不好，默默垂泪。你看了之后心疼他，想关心他，就去跟他聊天，他都不抬眼睛，只用非常虚弱的声调跟你说："别理我，我心烦，世界上的人为什么这么可恶？"这样的声调会让你很害怕，觉得孩子出了问题。你想用正能量带动他，马上对他说："发生了什么？有什么大不了的？快说，让我来帮助你！"你说话的声调高、快、急，想把他带到所谓正能量的方向，却让孩子更生气："你根本就不懂我。"他关上了跟你沟通的门，你却不知道自己错在哪里。你有正确的动机和积极的状态，为什么带不动消极的孩子呢？

可能你在跟同事、领导或者家人聊天时，很少关注到他们的声调特点，只用自己惯用的声调应对所有人。就像有个老师的孩子，提到跟妈妈在一起很无趣："她这个人很无聊，总用一种调调说话，把我和爸爸当学生一样训。我们又不是她的学生，我在学校已经被老师训得很烦了，回到家她还这样。我特别不喜欢听妈妈说话，她总是一本正经地找别人的错，总是给别人讲道理，下了班还把自己当老师。"这位妈妈事后反思，她从来没觉察到自己在沟通中只有作为老师时的声调，进而妨碍了与家人的沟通。

这样的情况很普遍。因为大多数人并没有学过用声调"先跟后带"，提升沟通效果。那么可以怎么做呢？

第一，先听懂对方的声调处于哪个频道。用心感受对方说话时声调是高、快、急，还是低、慢、柔，或是中等的；同时体会对方在哪种能量层次里，是比较低迷的状态，有着悲伤、烦躁、无奈、紧张、恐惧等情绪，还是透露出喜悦、爱、幸福这样的感觉。你能够觉察到对方的声调如何，就能感受到他的情绪状态，这是"知彼"。

第二，要灵活配合对方的声调说话。假如对方声调高，你就把自己的声调调到高的状态；假如对方声调低，你要把自己的声调落到同样低的状态。这样在说话时与对方共振，使对方愿意跟你继续沟通下去，这是"知己"。

当两人有两三轮对话之后，再把他引导到你希望的频道上，你就完成"先跟后带"了，有效的沟通就开始自然地进行了。

设计两个场景，请你主动感受，会不会有脱口而出的"先跟后带"声调。

场景一：你的一位同事在淘宝上买了一个他非常喜欢的东西，当他打开快递包装的一刹那，猜猜他会用什么声调向你炫耀他的宝贝？你会怎样配合他的声调，让他喜出望外，把你当作知己知音，跟你继续聊聊很多不对他人讲的故事，拉近你们两个的关系。

你可以在生活中随便找一个搭档互动，让对方回应，看看你是否完全配合了对方喜出望外的欣喜和激动的心情，对方是否愿意跟你继续聊下去？这个训练会帮你熟练运用自己的声调，以表达欣喜、愉快的心情。

场景二：家里来了一位客人，他的情绪非常低沉，坐在沙发上不停地叹气。你主动招待他，给他倒茶端水果，坐在他旁边，看他一声一声地叹气，你很想说点什么帮助他。你会用怎样的声调跟随他，直到他愿意跟随你，从低谷中慢慢走出来？

互动分享：

分享他人无效沟通时声调运用的案例，同时分享自己主动地配合对方声调进行沟通的案例。

（三）身体语言的"先跟后带"

训练身体语言"先跟后带"的能力，需要比较强的观察力。

先要观察自己在日常生活中跟别人沟通时，常用什么样的身体语言？身体语言包括自己的面部表情、眼神、肌肉运动方向等。多一双眼睛观察自己，这是"知己"的过程。

同时在与人沟通时，注意观察对方。他的双手动作是怎样的？是放在背后、叉着腰，还是用一根手指指着人、低头没有对视等？读到对方在沟通时真实的信息，再进行"先跟后带"的配合就非常容易了。

美国有部电视剧《Lie to Me》，专门讲解对微语言、微表情的观察和解析。该电视剧中有一些心理学家，解读公众人物的细微身体语言背后的心理语言。你会发现很好玩，一个人表现的任何细微动作都不是偶然的，而是内心语言的外显行为。在现实生活的沟通中，对于一般人表现出的大幅动作的身体语言，只要用心体会，就可以利用"先跟后带"技巧进行有效沟通。

我曾遇到过很多棘手的案例。一位被带到我面前向我咨询的中学生，一句话也不说，弓着身子，头埋在胸前，双手紧紧抱胸，整个身体弓在一起、蜷缩成一团。任父母、老师如何开导他也绝不开口。我不说任何话，只跟随他的身体语言，就可以解读他的内心语言。我用身体跟他沟通，完全模仿他的动作，感受到他内心的无奈、压抑和绝望。对方等了几分钟没听到我说话，他开始好奇，看到我跟他一样，眼神中闪过一丝惊异，然后他调整了自己的动作。我仍随着他调整动作，三四次调整之后，孩子就开始把双腿分开，平放在地上，两只手也分开放在两腿上。他偶尔会用眼神瞥我一下，面部表情开始放松。我观察到这些变化后，才开始说话：

"虽然你没有用嘴巴告诉我任何事，可我已经读懂了你。我知道你压力很大，觉得周围的人都不理解你，你不信任任何人。也许你过去很多次被否定和批评，觉得没有人可以帮助你。所以，你不准备向任何人敞开胸怀，表达你内心真实的想法。不过你和我在一起时，你开始慢慢放松了，现在你愿意打开你的身体，愿意跟我交流。所以，你并不是排斥所有的人，你只是不相信人们会真的懂你。我现在感受得到，你在发出一种邀请，你想跟我聊一聊，是不是？"

我这样说时，孩子还是没说话，不过他开始不知不觉地点头。我又说："看起来我这段话说到你心里了，你愿意听我讲下去，说明你觉得我懂你，你也开始对我有好奇和信心了，是不是呢?"他继续点头。我说："既然你已经来了，也发现有个成年人，跟老师和家长不太一样，也许能帮你疏通一些东西，或者起码让你去了解另外一个成年人会怎样跟你沟通，你愿不愿意试试呢? 假如可以的话，我们两个可以一起去咨询室。"

到这时，他就主动站起来："我跟你去咨询室。"到了咨询室，我们自然而然地展开了沟通，他宣泄了很多压力和情绪。我若干次用这样的方法，通过身体语言"先跟后带"，完成无言的咨询、沟通。

在很多培训课程中，我也请家长和老师示范他们认为最难沟通的孩子和学生的状态，我仍用同样的方法，让很多人无法控制地跟我互动，跟我做眼神交流，甚至忍不住说话。为什么? 就是因为，所有身体语言的"先跟后带"都会让对方感觉"你跟我是一伙的，你懂我，我愿意跟你沟通"，这就是"先跟后带"的必要性。

如何用身体语言来做"先跟后带"练习呢?

第一，重要的仍然是倾听、觉察，听并且听懂对方的身体语言。

第二，跟随、模仿对方。在跟随和模仿中，体会对方的感受，感应对方内心的语言。

当体会到对方的感受，懂了他内心的语言时，我们说出来的每句话，都会让对方觉得"你懂我"。

有个小学三年级的女孩，在学校学习非常辛苦，她的反应总比别人慢半拍，跟不上学校里学习的节奏。在这样的情况下，老师和家长都很焦虑，用各种方式给她补课，但收效甚微。我给孩子做了一次专业测试，发现她是感觉型的孩子，学习的风格是慢而持久，一旦记住知识点后，就记得很牢。感觉型的孩子在人群中的比例不高，学校的教学速度无法照顾她。老师讲得快，她跟不上时会越来越焦虑，更难学进去。妈妈得到专业指导后，跟老师做了沟通："我的孩子跟其他孩子不一样。专家给的建议是少留作业，每当她做得到时，不要对她讲道理，只要拍拍她的头，或摸摸她的手，拍拍她的肩膀，和她进行一些身体接触就好。她做不到时，也不要催促她，也请拍拍她，摸摸她，告诉她可以慢慢来。"老师和家长互相配合，两个月后奇妙的事情发生了，孩子的成绩竟然直线提升。孩子对身体语言的渴望得到了充分的满足，进而激发了她的自信心，学习状态自然提升。孩子妈妈介绍经验说："我家的孩子很好带，任何情况下只要过去拍拍她，抱抱她，亲亲她，安抚她一下，她马上就会精神起来。"

身体语言在沟通中非常重要，利用"先跟后带"技巧配合身体语言，能让你获得许多新的启示和信息，有利于实现亲子之间、与他人之间的有效沟通。

互动分享：

邀请父母，观察孩子跟你沟通时表现出的身体语言，你读懂了什么？如何运用身体语言的"先跟后带"？

（四）沟通技巧的实践运用

本节在前文训练沟通技巧的基础上做一个阶段性整理，来了解你的实践运用情况。沟通训练，不能只通过眼看、耳听接收信息，需要实际的操练和训练，否则效果会大打折扣。因为耳朵听到的信息是单向的、线性的，稍纵即逝，必须配合身体训练，配合嘴巴讲、记笔记等多种方式，才能调动身体语言参与，才可能变成本能的技巧。

像学骑自行车一样，不能光听老师讲，光看老师怎么骑，你要自己骑上自行车进行实际练习。你要把车子推起来，两手提住车把，左脚踏上左踏板，右腿腾起，越过车座，落到右踏板上，左右脚循环向前踩踏。中途可能会摔倒，但你需要站起来继续练习，让身体的每一块肌肉，配合眼睛和手脚，让骨骼肌肉与视觉、听觉、触觉等所有感官配合，如此反复训练，才能真正学会骑自行车。

现在就来测试你的沟通水平提升的情况。请你从身体语言、声调、文字几个角度描述以下六个沟通场景，你可用文字模拟你和对方的沟通过程。

场景一：你孩子的期末考试成绩出来了，老师发短信说孩子考了班级倒数第二，你会如何跟孩子沟通？

场景二：孩子上小学二年级，不喜欢读书。有一天他很认真地问你："请告诉我，为什么要上学？"你会如何跟他沟通呢？

场景三：孩子上初一，看到有同学被老师误会。孩子认为非常不公平，跟你表达对老师和学校的不满，说上学很没劲，出现了厌学的苗头。你会怎样跟他沟通？

场景四：孩子只有五岁，半夜突然从梦中哭着醒来，大哭不止，你怎么做？

场景五：你的先生或太太下班回来，脸色很难看，一言不发。你非常担心，会怎样跟他沟通？

场景六：你和父母，或公公、婆婆、岳父母关于孩子教育问题的看法不同，各执己见，沟通中你有哪些状态？你会怎样调整自己和他们进行有效沟通呢？

以上六个场景，你可以假想，在某个场景沟通时，你的语言、声调、身体语言如何完成"先跟后带"？你可以尝试设计和完成每个场景的描述，看自己在哪个环节的做法已经本能化，在哪个部分不够熟练，需要继续提升。如果你顺利通过这六个场景的模拟测试，恭喜你，前面的学习和训练对你非常有效，你的沟通水平已有了非常大的提升！

我想分享一个个案。有位亲子导师班的学员是两个孩子的妈妈，她在群里给大家分享了一段文字。她女儿参加讲故事比赛，决赛没有拿到冠军。比赛结束了，女儿坐上了汽车，她发现女儿神情暗淡。她没有主动问，也没有催，允许女儿先调整自己的状态（妈妈观察孩子的身体语言后，做的第一步）。

之后，她陪女儿买了喜欢的蛋糕和水果来庆祝。她说："宝贝，你能在评委和全国的小朋友面前讲完故事，已经非常勇敢了，我为你的勇敢庆祝！"孩子被鼓励，她又强调："你今天已经有了很大的收获。你带着紧张和害羞，有勇气完成这个任务，很了不起！"这位妈妈的每句话，都主动帮孩子种下肯定她有勇气的种子。

有了她细致的观察、陪伴和引导后，孩子被激发了主动性，开心地跟她说："妈妈，当我讲完了，紧张就不见了。"孩子欣喜地接受了妈妈的庆祝，也接受了妈妈传达的新信念和肯定的种子。

这个简单的场景告诉父母们：父母可以在每个陪伴孩子的细节中，给予孩子有效引导，孩子的自信心就会不断地得到提升，进而提升孩子对自我价值的认同。

互动分享：

分享你与孩子的一次有效沟通的经历。

四、高EQ的沟通方法

（一）高EQ沟通的三个有效信念

高EQ的沟通，是训练如何用自己的高情商帮助其他人提高情商。

以往与人沟通，我们总是把注意力放在事情上。看到一个人，或兴高采烈，或垂头丧气，你往往会脱口而出："什么事让你这么高兴？"或者说："怎么这么难过？"把事情看得很重要，停留在头脑层面，活在理智中。太喜悦，一定是发生了某事；太难过也一定是有些不正常的事发生。当关注事情本身时，最容易忽略的是被事情扰动的这个人。在与对方沟通时，出现了一个三角关系，除了沟通双方，还有一件事。把注意力放在事上，事比人更重要，先问事而不是先了解人的感觉，这种做法会让对方认为你只在乎事却不在乎自己，对方会产生被忽略、被冷落的感觉，这样就会引发沟通中的情绪对立问题。

所以，高EQ的沟通技巧提倡的第一个信念是事情永远都没有人重要，人才是最需要关注、最需要尊重和重视的对象。跟人打交道，先要把这个人放在最重要的位置。

第二个信念是先处理人的情绪，后处理事情。人是有情绪的，先要关注到此人的情绪，再引导到事情上去。先跟对方做情感连接，以心连心，进行情绪互动，这时的沟通就是高EQ的沟通。

第三个信念是说"人话",从连接情绪入手。什么叫人话?人话总是活生生的、有情绪、有感受的。不要让这些谁都懂的道理伤了彼此的心,要能够体会到对方的感觉。高EQ的情绪沟通技巧,重要的是从连接情绪入手。

怎样做?学会跟对方先分享感受,再处理事情,具体、客观地描述"我看到……我听到……我感觉到……"

比如,孩子的考试成绩出来了,他考了班级倒数第二名。当你要跟孩子沟通时,看到了孩子怎样的身体语言和面部表情?听到了怎样的说话腔调?感受他内心有什么样的感觉?也许你看到他垂头丧气,手不停地在扭动;听到他轻轻叹气,感受到他是自责、沮丧、挫败的,或是恐惧、怕被父母责怪。

沟通时,先从客观描述开始:"妈妈看到你垂头丧气,手不停地扭动,你还在叹气,我感受到你很自责,也非常害怕。你还觉得不公平,是吗?"考倒数第二的孩子,听到你这样跟他说话,猜猜他会有怎样的反应?这就是先说人话。

以往的沟通方法则是:"看看,老师发短信说你考第二,倒数第二!我不明白,为什么你学得挺认真,却考成这样,你到底怎么了?"或者你还会这样说:"你没考好,今天不用吃饭了,反省一下吧。"这是父母们常用的理性、威胁、讽刺等诸种沟通方法。

换位思考一下,假如你是孩子,哪一种方法会让你觉得父母懂你,你可以得到他们的帮助,并愿意继续沟通下去?答案会惊人地相似:第一种。

这就是高EQ沟通技巧的魅力。总是先从客观描述你的观察和对方的感受开始。像录像机一样尽可能客观地如实地描述你看到、听到、感觉到的，同时帮助对方觉察情绪。

（二）尊重拒绝沟通的权利

先来看下面三个案例。

案例一，领导找你谈话："今年你表现得很令我失望。所以，你今年的奖金，只能降等级。"你得到这样的结果后，回到家里跟爱人沟通，猜一猜爱人会怎么样？

案例二，孩子从同学家回来，兴高采烈地跟你分享："你们知道吗？人家小明的父母真好，我真羡慕他。我都不明白世界上怎么会有那么民主、理解孩子的父母？"你和爱人跟他一起用餐，你们会怎样跟他沟通呢？

案例三，你的孩子16岁，小时候他非常听话，成绩也很好。可随着年龄的增加，你们的关系越来越疏远了，他跟你无话可说，经常躲着你。他回到家就打游戏、看电视。今天你被老师叫到学校，让你跟孩子谈话，纠正孩子的学习态度。今天的谈话会如何进行？

以上三个案例，你会如何完成每个案例的情景沟通？怎样处理跟爱人、孩子的关系？

这里要先说一个重要的沟通信念：每个人都有在某时、某事里拒绝沟通的权利，不尊重这份权利，只会使两个人的关系变坏。

请细细品味和琢磨许多沟通无效的原因，也许是忽略了孩子、爱人或其他人的这份非常需要得到尊重的权利。

无论有多么天大的事，无论有多么重要的理由，在与对方沟通前，必须先尊重对方拒绝沟通的权利，先发出沟通的邀请，学会等待。如向爱人发出邀请，说："我今天在单位受了领导的气，很窝火，我想跟你谈谈，你愿意吗？"对方有权利说："不行，我现在也心烦，没办法照顾你。"那么你就要等他准备好后来跟你沟通。他也许说："那是你自己的事，我不想听。"你就要自己想办法寻找其他方式，让自己的情绪得到宣泄。你必须尊重对方拒绝沟通的权利，双方的关系才可能持久。对自己的孩子，你也要发出邀请："我想跟你谈谈，你是打完这一局游戏，还是现在？或者什么时候准备好，我们今天必须谈一下。"当你一次又一次尊重了他，他感受到你的尊重之后，他会给你答案："等我打完这局再说。"你要学会等待。

发出邀请的句式可以是："你什么时候方便？我想跟你谈一谈。"也可以说"无论什么时候，当你需要我了，请告诉我，我愿意帮助你。"

前一种是哪怕你特别急于沟通，也会尊重和等待对方的决定。第二种是你愿意帮助对方，但不会主动干预和介入，你会等在旁边，等对方来找你。这两种沟通，都表现出对对方的尊重。无论动机多么强烈，都没有资格强迫别人与你沟通。

同样地，假如别人来找你沟通，你也可以评估自己的准备状况。如果自己心情不好，准备得不够充分，也可以如实拒绝："抱歉，我现在心情不好，等我调整一下，再来跟你沟通。"你可以主动拒绝或再做准备，用这样的方式表达你对自己的尊重。

这也是把你已经养成的时时刻刻自我觉察的能力，用在与人沟通之中。尊重自己感觉的同时，尊重对方的感觉。尊重对方还未准备好沟通的权利，会让沟通在充分准备的情况下更加有效，也会更加增进感情，让沟通更加畅达。

练习之后，请你在心里回想一下，在以往的生活中，有过怎样不被尊重、被强迫进行沟通的经历？那段经历带给你怎样的感受？也请你回想一下，在陪伴孩子成长的过程中，你有过强迫孩子跟你一起沟通的实例吗？

互动分享：

把你曾经不被尊重、被强迫进行沟通的实例分享出来，借此理解体会你的孩子与你被动沟通的感觉。

（三）学会倾听，双向沟通

有了前期关于情绪学习和训练的基础，并且基础足够扎实的话，你会发现你与其他人沟通时变得更加有人情味，容易让别人觉得你很懂他、理解他。

生活中有很多擅长表达的人，一口气可以讲很多话。但同时又困惑，自己虽然主动积极地表达，却觉得孤单，觉得别人并不了解自己，总有一种格格不入的感觉。这样的人要觉察，在与他人互动时，是否只把注意力放在了自己"说"上面，使得别人只能"听"呢？

沟通有两种，一种是单向沟通，指单向输出，无互动。另一种沟通叫双向沟通，指有问有答，互相启发，彼此相互理解，沟通有共同的话题、融洽的氛围。双向沟通中，重要的理念是倾听比诉说更重要。

任何两个人一起互动，彼此都渴望被听到、被看到。你说我听，我说你听，有来有往，付出和收取的过程是平衡的。两个人会从我和你两个不同的角度，创造出更多的"我们"在一起的欣喜和融洽。

比如，有个同事家中有了一些矛盾，他非常生气，找你诉说，你上来就给他提出很多建议。可你说A建议，他说不行；你说B建议，他也拒绝。你的一大堆建议，他都不接纳。这时也许你会很生气，觉得对方不近人情，不听劝解。

假如你愿意让自己停下来，不是给对方建议，而是做个好听众，也许你会发现，对方只需要一个倾诉、梳理的过程，在讲述的过程中，自己找到解决的方法。所以，做一个好听众，让来到你身边的人，自己找到答案。

能够倾听对方和自己的声音，都是高情商的表现。激发孩子的思维活力，也需要学习倾听，信任孩子有解决问题的能力。父母只需要帮孩子疏通情绪、宣泄情绪。孩子需要被倾听、被懂得、被允许，经历了这个过程，解决问题就比较容易了。

除了倾听，还可以设计一些有效的问题，帮助孩子养成自我思考和自我解答的习惯。以下五句话分享给你。

第一句话，不断地问"你说呢"这个问题，不断地用"你说呢"激发对方进行自我思考。

第二句话，"关于这件事你怎么看？我很想听听你的意见。"主动地把这句话抛出来，邀请对方发表意见。

第三句话，"我遇到一个难题，想请你给我一些意见和建议，好不好？"当你持着一种求教的态度，对方会主动寻找与众不同的想法。他的头脑变得灵活，久而久之，解决问题的能力自然会增强。

第四句话，"假如你遇到这件事，你会怎么想、怎么做？"

第五句话，"我太老了，我不懂，请你教我这件事怎么做。"向他示弱。

这五种说法，对于培养孩子的思维能力和解决问题的能力都是非常有帮助的，也是跟孩子建立有效关系的重要问话。当父母愿意这样问、愿意放下父母的权威和身架时，孩子的潜力容易被激发出来。当孩子发现父母愿意倾听他的意见，会更积极主动、自发地成长和改变。这样的倾听，不仅解决了当下的问题，更重要的是激发了孩子自我管理、自我创造、自我设计的能力，更加有利于孩子的成长和发展。

互动分享：

记录跟孩子沟通时，你是怎样主动倾听孩子的？效果如何？

（四）实用技巧：从心出发

在沟通和提升自信的训练结束之前，我设计了一个"从心出发"的实用练习，帮助你完成与你认为比较难以沟通的人的连接，让你有梳理和思考的机会，安抚你内心渴望得到支持和爱的"小孩子"。

练习前请你在心里邀请一个目前为止让你觉得难沟通的一个人。这个人也许是家人、同事、长者，或者是比自己小的人。

所有沟通技巧的学习，并不是为了搞定对方，更不是玩弄心机，只是从心出发，借助练习，改善跟他人的关系。

找一个安静的房间，准备两把椅子，把一张椅子放在对面。想象跟你难以沟通的人正坐在那把椅子上，你坐在对面的椅子上。接下来，让自己从深呼吸开始，从头到脚地放松下来。当你觉得足够放松的时候，在心里想象对面的人坐在椅子上，看一看，他的视线和你相比，谁高谁低呢？

观察他所有的表情和动作，试着体会一下，当你看到对方的时候，你内心有怎样的感受？并且试着去辨析一下，这些感受包括哪些细微的部分？

体会你自己内心的感受，也猜测对方有怎样的感受。然后，想象自己的父母就在自己的身后，对方身后也站着他的父母。你可以跟自己的父母一起做这个练习。

当你感受到自己父母在身后，对方身后也有他的父母时，感受一下，你现在的感觉有何不同？也许你感受到，所有人都有父母给予的爱，所有的孩子身后都有他自己的父母。所以，你们彼此是平等的生命。

当完成这一部分之后，坐在你自己的位置上，试着在心里跟对面的那个人进行交流。在这个过程中，建议你一直看着他的眼睛，对他这样说："我看到你，我感受到你的感觉是……"无论你感受到什么，你都说出来，告诉他。当你说完这些话之后，看看对面的他有没有变化呢？

假如有变化，就说出来告诉他："当我说我可以看到你，可以感受你的感觉之后，你发生了……变化。"这部分只需如实地描述，不需要任何的设计。然后，当你说完这部分，站起身来，坐到对面，完全模仿对方刚刚所有的动作和表情，模仿他的眼神、手脚姿势，感受他的变化。

你刚刚坐在对面模仿对方时有什么感觉？在心理感受那份感觉，记住那份感觉。自己再一次站起来，回到自己刚刚的位置上，坐下来，体会重新回到自己位置上的感觉。无论此刻有怎样的感觉，再一次直接说出来，说出任何真实的声音，不必掩饰和编排，有什么就说什么。直接告诉对方："我的感觉是……，我感觉到你的感觉之后，现在我的感觉变成……"

发自内心地说完这些话，然后体会自己呼吸的变化，体会自己情绪的变化。接着，再从自己的角度去观察对方。在对方听到你说刚刚这番话之后，他现在的表情和动作又发生了什么变化？将这些变化说出来。

当你说完这些话之后，又一次让自己站起来，坐过去，坐到对面那个人的椅子上，又一次体会他的感觉。当你坐在他的位置上，听到刚刚对面的你说的这段话之后，看一看你说的这些话引起了他的哪些变化？当他确定有了一些感受之后，他也可以直接说出来："你告诉我，你的感觉变化了，现在我发现，我的感受又发生了变化……"当他说完之后，你再从对面的位置上，去想象自己在那个位置上，听到他这些话时又有什么样的感觉？

然后，让自己再一次从对面的位置上站起来，走到自己的位置上，再去听对方所讲的那些话，感受一下，自己的感觉有什么不同？

到这时，我猜你无论是对自己还是对对方都有了不同的感受，你也学习到了如何真实地表达自己的感受。当你真实地表达自己的感受，觉察自己和对方的所有情绪变化之后，你会发现，你和他的关系已经在不知不觉中改善了。也许，你们会愿意去讨论你们之间的矛盾和误会；也许在不知不觉间，你们之间的矛盾和误会因为你的了悟已烟消云散了。然后，你也许会有种如释重负的感觉。

常有朋友告诉我，做到这一步时，会发现对方没那么可恨，也没那么难沟通了。这说明这样的沟通是有效的。

这样的练习对每个人都非常有意义。最大的意义在于，你跟有矛盾的人即使彼此不见面，也可以改善关系。你可以借此化解很多人际沟通中的矛盾和痛苦，也可借此改善与他人的关系。

互动分享：

请分享完成今天的练习后的收获和感受。

| 第五章 |

唤醒孩子的内在动力

一、激发孩子的潜能

（一）如何唤醒孩子的动力

在前面的章节中，你知道了父母的生命能量对孩子的影响；也带着足够的勇气和信心，经历了自我成长和疗愈；同时站在新的高度和视野，真正体会每个生命与世界、宇宙的关系，懂得运用吸引力法则；在和孩子的充分相处中，训练了自己的有效沟通的能力，提升了孩子的自信心。现在开始进入到你一直盼望、最渴望的部分——唤醒孩子的内在动力，给孩子有效的陪伴。

我猜你一直渴望着自己的孩子能像别人家的孩子那样勤奋学习，成为自动、自发、自觉的好学生。这是许多父母梦寐以求的。进入本节内容，需要全面地了解孩子的潜能。而激发孩子的学习潜能，首先要解决的问题，就是给他一个学习的理由。

不知你的孩子是否在上学后，愁眉苦脸、一本正经地问你这样的问题："请告诉我，人为什么要学习？"你怎样回答他？是给他讲了很多道理，还是给他描绘了一个美好的未来？你的回答是否给了孩子足够的推动力，让他有了学习的内在动力，自动激发了潜能？

请你想象这样一个场景。某地有一大堆砖头，有个人要求一些人把这些砖头从A点搬到B点，每天都要走几个来回，每天重复同样的工作，可能要搬12年或者15年才能全都搬完。

假如是你，可能会问："我为什么要搬？"负责人告诉搬砖的人："12年以后在另一个地方要建一座高楼，高楼里将有一个单元属于你。你搬吧，搬了一定有好处。"这是一种搬砖的理由；另一种是跟你讲很多勤奋劳动的道理，告诉你一定要照做，可能还会用一些糖果巧克力引诱你，让你把每天的事情做完；还有一种是不跟你讲任何道理，拿着鞭子抽打你，逼迫你必须搬，一定要重复工作12~15年。

这样的情景像不像孩子每天背个大书包去学校学习，往返于学校和家的过程呢？也许你告诉孩子，学习对他未来的发展有好处；也许你告诉他，只要学好了，我就给你好吃的、好玩的；也许你讲不明白，只是要求、逼迫他学习。可是这些动力无法推动慢慢长大的孩子，他会表现得越来越被迫、消极、退缩。不管有多少潜能，他都不会主动表现出来。甚至他会一直拖拉、磨蹭。激发孩子的学习潜能，重要的是找到孩子学习的主要动力，并且这个动力一定是孩子自己想要的！

因为当你要求他学习的时候，他被外在动力逼迫，就会产生被强迫的感觉，容易对学习有对抗、应付的态度。假如找到他学习的内在动力，变成"我要学"，他就会表现出无比强大的好奇心和求知欲，就会主动自觉地把内在能量激发出来。慢慢地，他开始在学习过程中找到乐趣，将"我要学"变成"我爱学"。因为是在为自己而学，他自然学得开心快乐、轻松有效，哪怕遇到困难，他也愿意迎着困难走过去，虽苦犹乐。这样他的学习潜能就被激发出来了。

请你静下来思考：对你的孩子来说，什么才是他学习的动力？什么才是真正对他有启发的学习理由？

假如你是"60后"的家长，你小时候是为生存而活，生存是你的学习动力；假如是"70后""80后""90后"的家长，也许你为自己的自由、独立而学习。那么，你知道你的孩子——现在的"00后""10后"学习的内在动力是什么吗？

假如你对孩子目前的学习状态非常不满，你很想激发他的学习潜能，也许你要先回答这几个问题，找到属于孩子的内在动力。

互动分享：

1. 孩子的内在学习动力，到底是什么呢？

2. 你以往是从哪几方面解答孩子"为什么要学习"的问题的？是否有效？

（二）潜意识沟通

假如孩子主动想学习，并渴望为自己而学，那么你要教给他一个非常重要而简单的技巧：学会跟潜意识沟通，把激发学习潜能这件事，交给潜意识帮忙。

脑科学研究表明，潜意识里拥有人类99%待开发的潜能，有人说它的力量是显意识力量的10000倍以上。潜意识以右脑工作，用形象和画面的方式加工处理信息，而意识则是以左脑用逻辑分析的方式工作。现在学校的教学方式着重左脑训练，而跟潜意识沟通，尝试激发右脑那些待开发的巨大的潜能空间，能够激活右脑的细胞并形成全新的网络。

通过与潜意识沟通来调动学习潜能，就可多用形象、色彩、韵律、画面等感性因素激发潜能。激发潜能最好的方式，就是冥想和放松。

现在，我先引导你进行冥想和放松，快速简单地跟潜意识沟通。请给自己找一个安静的地方坐下或者躺下来。把手机关掉，告诉周围的人，在接下来的十几分钟内不要打扰你，给你一个独立的、安全的空间，让自己做深呼吸，放松下来。

每一次向外呼气的时候，肩膀的两个点都落下来，让这份从肩膀开始的放松，慢慢地落到你的全身。你的身体快速地放松下来，你可以选择将你的右手放在你的胸前，那个代表潜意识所在的地方。你尝试着像对一个小孩子一样，跟自己的潜意识沟通，对它说："谢谢你，潜意识，谢谢你一直以来对我的帮助。通过前面的学习，我知道你可以帮助我疗愈童年的创伤。今天我想邀请你，帮助我激发学习潜能，并帮助我自己的孩子激发潜能。"

当你说完这些，感受一下你的内心，会是以画面的方式，还是以声音的方式，或者只是身体的感觉给你回应呢？无论你看到、听到，或者感觉到任何信息，你都知道，这是潜意识给你的回应，你都要对它说："谢谢你。"甚至你现在还没有得到任何可以看到、听到、感觉到的信息，也对你的潜意识说："谢谢你，我知道你还没有准备好让我看到你。"

无论你经历了什么，你只需要对潜意识表达感谢，因为只有你越接受、越放松，你的潜意识才会觉得越安全，才会在它准备好的时候和你相见。你可以继续进行下去，邀请你的潜意识把你带到一个让你感觉非常放松、愉快的场景里。也许是你曾经印象最深的自然环境，也许是你内心深处非常舒服、愉快的一个画面。

当你看到这个画面，感受到这个画面带给你的所有愉快的体验时，你就即刻想起，你最想提升自己的哪一种学习能力？也许是某一门学科，也许是某项能力。当你在画面中觉得非常愉快的时候，就让自己把这个画面跟你最想提升的学科或能力连接到一起。就好像你在沙滩边，非常惬意地晒着太阳，舒服又放松。这个时候你就想到，学习数学的过程也同样带给你这份舒服和放松。反复地做上两三次这样的联想，然后让自己继续在你的潜意识的带动下，想象当数学真的带给你舒服、放松的感觉时，你会因为这份舒服和放松，得到哪些好处呢？

比方说，你可以在大家面前快速完成一个计算，然后得到大家的肯定和掌声；你答出了一道别人答不出来的题目，看到有很多人为你竖大拇指；甚至你可能会感受得到，当你学好数学之后，你对自己越来越有信心。

请你的潜意识带着你，在这样的未来场景中多停留一会儿。哪怕像做梦一样，哪怕像编电影一样，你都让自己完成这个过程。在这个过程中出现的画面越形象越好，越真实越好，越有细节越好。你能感觉到沙滩上的风、海水的咸味，你能够听到别人的掌声，你能够看到大家竖起的大拇指，你甚至可能会看到一支红笔，一些用红笔写出来的数字，那些数字是你做完了数学题目之后得到的高分。运用所有你可以看到、听到、感觉到的信息，跟你的潜意识一起去完成这个创作的过程。

这个创作的过程，让你感觉非常放松、愉快、舒服。你甚至忍不住笑出声来，这是一个很美妙的过程。在这个过程中，不知不觉间你好像改变了自己学数学、物理或者英语的那些痛苦的记忆。每当想到数学，你就好像想到了沙滩，就想到了那些掌声，就想到了那些竖起的大拇指。是的，就用这样的方式让自己经常处在放松、愉快的状态下，请你的潜意识一次又一次带你感受学数学带给你的放松、愉快和舒服。

直到你觉得足够了，就让自己从这个过程中慢慢醒过来。

当你愿意带着这份感觉，慢慢回到现实中的时候，你知道你的内心已经悄然发生变化，你的潜意识已经带动你，改变了某门学科带给你的负担、沉重的感觉。你学某门学科的新感觉，已经变成一个潜能动力源，持续地在你内心工作着。当你感受到这些变化后，就可以帮助自己的孩子，用这种玩游戏的方式，去激发他学某门科目的潜能。

互动分享：

分享你学习某门课程时体验过的最痛苦的感觉，也请分享你做完"学习潜能激发"练习后的变化。

（三）挖掘潜意识的能力

调查发现，85%以上的父母都不知道自己的孩子最在乎的是什么。

我的另外一门网络系列课程"父母如何轻松有效帮助孩子快乐学

习"上线之后,受到很多父母和孩子们的欢迎。音频课程成为每日亲子互动沟通的共同话题,很多父母终于找到了打破亲子关系僵局的好办法。

父母们说,以往对孩子学习的指导无外乎几招,要么讲大道理,要么软硬兼施、唉声叹气,以期感染孩子,让孩子好好学习。这些无效的方法暂时可以放下了,换一种也许更好玩、更有趣的方式,激发孩子的学习潜能。

还是要先从你自己开始,先帮助自己挖掘学习潜能。当你运用熟练了,再通过跟孩子沟通的方法和技巧传递给孩子,这样才更有说服力。

在练习开始之前,请你思考一下,到目前为止,哪种学习能力的提升会让你更加自信、让你的学习效果更好?是阅读能力、思考能力,还是记忆力?你上学时,对哪门课程比较没有自信?选择自己最没自信的某门科目或某种能力。明确接下来你想提升或者优化的能力或科目,你可以记在本子上,也可以心里想着。完成了这一步,调动你的潜意识,来帮你提升学习潜能。

接下来跟随我做一个放松和冥想练习,调动潜意识的能量,提升学习潜能。

让自己找一个安静的地方坐下来,保持脊柱的直立。假如你太累了,也可以让自己躺下来。

然后,你把右手放在胸前,那个代表潜意识工作的地方。你这样对潜意识说:"谢谢你,潜意识。谢谢你一直以来对我的照顾和帮助。谢谢你帮助我疗愈了非常多的创伤和痛苦。现在请你帮助我,用你无比巨大的能量,来帮助我提升我学习的能力,可以吗?"看看你的潜意识会给你怎样的回应?会让你看到、听到,或者感觉到怎样的信息呢?无论这些信息是什么,你都要对你的潜意识说："谢谢你。"如果感受不到任何的回应，你也要继续对你的潜意识说："谢谢你！对不起，我忽略了你。请你相信，我愿意主动地跟你连接，希望得到你的帮助。所以，当你准备好的时候，请给我信息。"

此刻感受你内心的放松和宁静，同时邀请你的潜意识把你带到一段让你最放松、最愉快、最舒服的记忆里。也许是你内心深藏着的一幅美丽的自然画面；也许是你记忆最深处的旅游的风景；也许就是一段优美的旋律，让你心旷神怡。无论怎样，让自己好好地感受每一个细节，体会那种完全放松、自在和愉快的感觉。

你好像可以同时听到、看到、感觉到所有让你放松、愉快的细节。在这个细节中停留一会儿，感受全身的放松和愉快。然后，我邀请你伸出你的左手，它代表你想提升的学习能力或者某个科目；再伸出你的右手，把它放在你的胸前，托着你的左手。

当你的左手放在胸前的时候，它就和你内心看到的那个画面重合在一起，你想提升的能力或者科目带给你的那份紧张和压力就融化在这份舒服、放松和愉快的感觉里了。感受这种感觉，把你的左手压在右手上，调动起你想提升某个科目或某种学习能力的渴望，把它融化在那个让你放松、愉快的画面里。好像不知不觉间，你想提升的能力或者科目跟这个完全放松、愉快的画面连接到了一起，变成了一个整体。

你开始很想长长地呼气，这份呼气带出的是曾经那种能力或者那个科目带给你的压力和紧张，吸入的是一份放松、喜悦和舒服的感觉。多做几个这样的深呼吸，释放掉所有记忆中的压力和紧张。直到每当你想起想提升的那种能力和那个科目，就跟这份放松、愉快和自在的感觉和那个美丽的画面连接到一起。你愿意一次又一次地做这个练习，完成这个整合和嵌入的过程，直到你能够享受到你想提升的能力和科目带给你的放松、愉快和舒服。

这份放松、愉快和舒服会推动着你回到现实生活中主动完成提升。然后，你的潜意识会让你看到一个画面，也许你看到的是在你的能力不知不觉地提升之后，你克服了一个又一个的难题，跨越了一个又一个的台阶。当你回头看的时候，你看到很多人在为你鼓掌，他们伸出大拇指为你点赞。那一份放松、愉快和喜悦的感觉遍布你的身体，变成一个更大的动力，推动着你继续向更高处走去。

你可以经常做这个练习，做7次、14次，或者21次。带着好奇，在这个练习中，反复地提升你的某种能力。我期待你21天之后的分享。

互动分享：

请分享此次冥想的感受。

（四）调控专注与放松的状态

在日常生活中，只要稍加注意，就可以让孩子在专注和放松的状态中潜移默化地激发潜能。

学者巴克敏斯特·富勒说过一段让人震撼的话，成为许多家长的治愈良药："学习是生命中最有趣也是最伟大的游戏，有些人终其一生相信学习是有趣的，是世上唯一值得玩的游戏。这种人我们称他们为天才。"

在这段话中，富勒把学习称为"最伟大的游戏""世界上唯一值得玩的游戏"，同时认为有人终其一生都在玩这个游戏，相信这个游戏是有趣的。

可现实是，很多孩子在学习中却是痛苦的、无奈的。怎样让孩子在学习中找到乐趣？

把孩子带入天才学习的状态，需要对人的左右脑机能有所了解。两个脑半球有不同的脑波状态，左脑工作时，脑波在 β 波状态，是一种运动状态，容易让人处在清醒、警觉、不安的状态中，有利于人调动精力思考和分析问题。但人长时间处在紧张、不安状态会产生疲劳，容易感到压抑，丧失弹性和灵活的学习动力。

右脑的工作状态是 α 波状态，也是人最佳的工作状态，带给人镇静、愉快、放松的感觉。人在镇静、愉快、放松时，比较容易意识到自己的思维和情感。脑内分泌较多的内啡肽让隐藏在大脑深处的潜能开始苏醒、活跃，储存在右脑的大量启发性的信息就被随心所欲地引导出来。这样的状态，是一个人在学习新语言、新信息、快速掌握知识时的极佳脑力状态。

专注而放松的状态是怎样的？

对孩子来说，当他玩一个玩具时，好像跟这个玩具完全连在了一起，叫他也听不见，他好像感知不到外部的世界。他完全投入在游戏中时，就是在调动所有潜能，专注而放松地学习，是右脑在安静的 α 波状态下全然投入的过程。

什么时候孩子的这种专注状态被打破了？当孩子玩耍时，大人会不停地问孩子："你饿了没?""渴了没?""你要不要玩这个?""要不要跟我出去玩?"用各种方式打断孩子专注和全然投入的状态。然后，大人还想办法把孩子的注意力转移到其他的事情上。买大量的玩具放在房间里，迫使孩子不断地在各种玩具中快速转移注意力。大人以为这样会让孩子更聪明，却不知影响了对孩子专注力的培养。

外界的干扰使孩子的专注投入状态不断被打破，他慢慢习惯被外界的声、光、电（会带来警觉的 β 波状态）刺激，转移注意力，无法持久专注地做自己感兴趣的事，就无法激发学习潜能。

那么，正确的做法是什么?

第一，假如你的孩子还是婴幼儿，请一定注意，不要随意打断孩子自主探索的过程，要允许他们专注于某项活动、某项学习，不要用其他新鲜玩具刺激他。直到他完成这个活动或学习之后，转到下一件事，这种自动转移就是他内心专注力得到满足的表现。

第二，尽可能在家中让孩子的学习、玩耍处在有序的状态。他需要有自己的书桌和放置玩具的角落，成人不应在他身边有太多过分的刺激和干扰。尤其是孩子六岁之前，非常喜欢重复参与某个活动和重复玩某个玩具。父母不要觉得厌烦，这是孩子内心对专注、持久、稳定的渴望和需要，他要在熟悉和重复中，建立大脑的网络和秩序。满足孩子的这种需要，才能让孩子感受到基本的安全和放松。

第三，孩子所处的环境尽可能是放松、安静、有序的。比如，声音尽量轻柔，背景音乐、说话声、电视的音量小，以保护孩子的耳朵，让孩子有比较敏锐的声音感受力；环境色彩比较鲜明，对比强烈，半年或三个月左右定期更换主题色彩，色彩要尽量丰富而不杂乱。保证孩子生活的基本规律和秩序，形成基本稳定的生物钟。所有这些都有利于让孩子进入专注而放松的状态中。

假如孩子已经上小学或初高中，你更需要给他属于自己的空间，让他自己做决定，让他自己完成从一个任务到另一个任务的转换。在这个过程中注意让孩子专注而放松，孩子在镇静、愉快、放松的环境中，更容易激发潜能。

当你在实践中不断跟孩子玩游戏、讲故事，在放松安静的脑波状态下，激发孩子的潜意识，让孩子处在愉快、主动学习的状态里，你会发现孩子的学习成绩和学习状态都产生了变化。

互动分享：

1.请观察孩子专心玩耍和学习的时间，一般有多少分钟？

2.回想家庭中常用的背景音乐和背景音有哪些？

二、与孩子一起管理人生

（一）为梦想插上翅膀

父母的有效陪伴，会帮助孩子发现学习的乐趣，让孩子主动投入学习中。激发学习潜能的另一种重要的动力，就是孩子内心的梦想。

你的孩子曾经跟你分享过他的梦想吗？当孩子分享时，你是怎样回应他的？你可能带着欣喜听他讲，也可能不耐烦地告诉他："唉，你又在做梦，不要想这些没用的东西，还是好好学习吧。"或者你对他进行说教："该干啥干啥，好好学习比啥都重要。"或者你被他触动，讲起自己小时候的梦想，告诉他："我愿意陪你实现你的梦想！"

假如当年你的梦想被善待过，你体验了梦想的伟大和神奇，你一定也会善待孩子的梦想；假如当初自己被嘲笑讥讽，现在你也会不自觉地如此对待孩子的梦想。

很多成年人对梦想都有非常复杂的感觉，有很多误解。有人觉得梦想是浪费时间精力的瞎想，太虚泛；还有人觉得，梦想一直都在变，根本就不现实，习惯了怀疑、否定、嘲笑、轻视梦想。父母对待梦想的态度，会影响孩子对待梦想的态度。

我的女儿8岁左右在床上晒太阳时，随口讲了她的梦想：等长大了，到美国的农场去晒太阳。我当时跟绝大部分父母的反应一样：这孩子真不靠谱。但是作为亲子导师，我的想法随即转变：一个孩子有这样的梦想很了不起，她敢去美国的农场晒太阳，说明她有勇气跨越很多未知。我马上跟她讨论："你要到美国的农场晒太阳，不做事情，那你干什么呢？"她说："我就做农场主喽！"我说："做农场主要懂生物学知识，要懂英语，很多知识都得懂，你怎么才能到美国做农场主呢？"她轻描淡写地说："那我就学！"我立马说："那你要怎样学呢？画一张画给我，让我看一下你在美国的农场晒太阳，是怎样的一个画面？"

我跟她像两个说梦话的孩子一样闲聊，激发她拿起画笔，画了一幅画，阳光下金色的稻田里，有一个人盖着草帽在晒太阳。我帮她把这幅画挂在了我们家的客厅里。任何人到家里做客，我都会引导他们看这幅画，告诉他们："你们知道吗？这是我女儿的梦想，她将来长大了要到美国的农场去晒太阳，她要做农场主。"

我也把她的这个梦想说给她的同学听。我去她学校做讲座时，跟她的同学分享她做农场主的梦想。很多同学马上喊起来："哎！你要做农场主！给我一个机会，让我帮你养兔子，帮你喂羊、喂马。"这个过程充满了欢笑，这颗梦想的种子就非常自然地落到了她的心里。

她上初中时，曾经经历过一次梦想破灭的危机。她发现全球变暖可能会影响她做农场主的梦想。她非常沮丧，甚至丧失了生活的动力。我陪伴她经历了这个痛苦的过程，不久后她又一次振奋前行。在她高中时，学校为生物学爱好者盖了一个非常漂亮的阳光暖棚，让孩子们有块地可以种南瓜和其他植物，感受在大自然中耕种和收获的乐趣。女儿作为社团的社长，有了充分亲近土地的机会。高二时她非常幸运地得到了一位加拿大前农场主捐赠的奖学金，去UWC读书，开始了她艺术创作的成长之路。现在她在美国利用自己租住的房子外的一块小小的空地养了蜜蜂，尽一切可能，体验做农场主的乐趣。

我在陪伴女儿的过程中，发现她最初这个成为农场主的梦想，像一盏明灯，在前方指引着她。到底什么时候才能够成为农场主，并不重要。

我曾用梦想管理的方法，帮助一个四年级的男孩子，通过想象实现成为辩护大律师的梦想，改正了他不讲卫生、到处乱扔东西的不良习惯，使他变成了一个非常爱干净的少年。我也帮助过一个男孩子，确定了他做飞行员的梦想，帮助他把注意力跟学习语文、数学结合起来，找到明确的学习目标，快速提升了学习成绩。这样成功的案例比比皆是。

每当跟孩子们谈论梦想时，我跟他们一起编故事、一起做梦。故事和梦想就在放松喜悦的过程中变成内心的种子，成为孩子学习的动力，激发他们在现实生活中主动地学习。

孩子的梦想不是用来实现的，父母不要把注意力放在梦想能否实现上。生命能够对未来有憧憬和期待，就会有活着的力量，产生主动性。

所以，无论孩子的梦想有多幼稚、多不靠谱，你都要珍惜呵护。只要孩子还有梦，就会有强大的动力往前走。

梦想可以帮孩子管理自己的人生。从现在到实现梦想的未来之路上，这个主人将是孩子自己，他的主人翁意识被激发起来，就会在潜意识的支持下，看到自己的未来愿景，就会在当下的每件事中，找到跟实现梦想相关的动力和理由，他的学习自觉性自然被激发。当父母和孩子讨论梦想与现实学习的关系时，孩子的头脑中开始建立起有效的关系网络，孩子就开始在梦想的推动下进行自我管理。

请注意，当你跟孩子分享梦想时，一定要跟他讨论实现梦想的时间，明确时间节点，以及实现梦想所需的步骤，激励孩子主动实现梦想。

互动分享：

请分享你自己的梦想，也跟孩子讨论他的梦想，有耐心地倾听孩子讲梦想。

（二）与孩子一起做"职业梦"

将梦想的话题具体到职业，就变成跟孩子一起做"职业梦"。职业梦是梦想的一个落脚点。梦想除了职业外，还包括很多其他的憧憬。比如，希望未来生活在什么地方，去经历什么等。

我曾带领高一的一个班级的学生做了一次冥想放松，引导他们思考自己最渴望做什么？然后唤醒他们，请他们分享内心深处的职业梦想。

让我震惊和感动的是，每个人都找到了自己的职业梦想。有人想做动物收养员，有人想做物业管理员，有人想做老师，有人想做一个普通的画家，还有人想成为玩具设计师、程序设计员等。

当他们带着一份真诚的感情，发自内心地分享他们的职业梦想时，他们也被自己感动了。第一次这么真实地探索内心的职业梦想，第一次倾听内心真与善的声音，他们看到了一个不同的自己。带着这份感动，我引导他们回到现实的学习中，告诉他们学习的每一次进步，都让自己离梦想更近。

当他们感受到梦想并不是遥遥无期，而是可以跟现实生活紧密相连时，他们发生了许多变化，不再与学习对抗，而是主动邀请学习帮助自己走向梦想和未来。我邀请他们用画画的方式，把自己实现梦想的画面画出来，然后把画放在自己的文具盒里或把画作为自己的电脑屏保，让自己可以天天看到梦想实现的画面，不断地跟梦想主动连接。学习自然变成了自己的事。

这个班的学生在高三毕业时，相比其他班学生更自觉也更理智地选择了自己要去的方向。老师们评价他们非常主动，非常自觉，他们都明白学习是自己的事，所以不会让老师多操心。

每当想起那次课程，我都有非常多的感慨。孩子们需要有成人的引导和激发才能找到自己的职业梦想。孩子们的职业梦想必须发自内心，再引导他们将职业梦想跟现实的学习连接起来，他们学习的内在动力自然会被激发，主动学习就变成必然的事了。

孩子们的职业梦想往往受限于他们的生活见识，也受限于社会公众的认同和导向。目前，社会和学校缺少有效的职业教育指导孩子成长。成人很少跟孩子发自内心地讨论孩子喜欢什么、适合什么？孩子们的第一反应总是："爸妈希望我做什么，我就做什么。"

孩子们被社会的大潮淹没，跟随大众的想法，随波逐流。他感受不到内心的推动力，甚至不知道自己内心有什么推动力。只是凭本能对抗着父母强加给他的梦想和目标，他不知道自己想要什么。

有位非常伟大的父亲——狄巴克·乔布拉，他从孩子4岁开始，就带着孩子做冥想，每天引导孩子把专注力放在喜欢做的、可以帮助别人的事上。并且这位父亲再三引导他的孩子说："你不需要考最好的大学，也不需要在乎考试名次，你只需要做你最喜欢做的、可以帮助到别人的事情。假如你未来选择了最喜欢做、又能帮助别人的事，但还不能养活你自己的话，放心，你的父亲可以养活你!"

这位父亲的话让很多人被震撼到，因为中国父母的矛盾状态是一方面尽全力为孩子积累资产，帮他们赚钱买房子，安排他们未来的生活；另一方面又害怕孩子不思进取。当孩子问："未来能得到您的帮助吗?"父母会告诉他："不行，这一切都是我的。""假如你不好好学习，将来没出息，就会去讨饭、扫大街。"这样做并不会有效引导孩子，只能给孩子带去自责和紧张，孩子不知道要选择怎样的路。

很多父母与狄巴克·乔布拉最大的区别，是不知如何激发孩子的内在动力，没有给孩子一个明确的指引，让孩子做喜欢做、擅长做、可以为他人服务的事。只要引导孩子思考和寻找什么是自己喜欢做、擅长做、可以为他人服务的事并从中找到乐趣和自信，孩子自然能找到属于自己的路。

所以，与孩子讨论职业梦想非常有必要。无论孩子现在几岁，都可以静下心来跟他讨论："你长大后要做什么?"听他讲，给予他恰当的引导。注意，要收起你的要求，如工作的稳定性、收入、身份高低等标准。

在孩子诉说时倾听孩子内心的声音，找到他内在的动力，支持和推动他去尝试和经历，在成长的过程中，逐渐找到最适合他的工作和梦想。因为从职业生涯发展规律看，很多人真正找到适合自己的工作也许要到四五十岁以后。所谓的"五十而知天命"，是符合人的发展规律的。有人在四十岁才找到真正喜欢和适合自己的工作，四十岁是很多人职业发展的转折点。

若想帮孩子找到内在的动力，可以参考以下几点：

第一，允许孩子做梦，做"职业梦"。

第二，引导孩子观察、了解不同的职业。带着孩子参观不同的岗位，让孩子对职业产生感性认识。

第三，带着孩子体验不同的职业对人才的要求。比方医院里有无数种职业，医生和护士有很大的不同；内科医生、药剂师和病房医生也有很大的不同。所以要了解具体的岗位、职业需求。你可以带孩子参加模拟职业招聘会，带着孩子去探索，帮助孩子找到梦想和自己的"职业梦"。

互动分享：

1.你了解多少种职业呢？带你的孩子至少去体验30个以上的职业或岗位。

2.听听孩子的职业梦想。

（三）与孩子一起规划未来

谈到职业梦想，有的父母说："我觉得未来会很残酷。有人预言，机器人将取代这世界的大部分工作，很多职业在10年之内会消失，现有的工作会在30年之后消失70%。这样的预言让我非常恐惧，我希望孩子早一点确定专业和职业。"

假如你有这样的想法，那就要跟孩子一起规划未来。

未来在哪里？此刻向前走的每一步都是未来。无论未来是10年以后、20年后，或者是明天、后天，都有很多不可知和变化的因素存在。

社会环境将发生惊人的变化。未来学家预言，到2040年，整个社会会从信息时代转向概念时代。信息时代靠的是逻辑分析能力，概念时代则需要高概念、高感性、创意型人才，企业的寿命会越来越短。调查发现，世界五百强企业的平均寿命只有30年。人的一生可能要换5~7份工作，要跨2~3个行业。假如你现在只想让孩子去做稳定的事，对孩子来说就是一种限制，难以适应飞速变化的时代。

父母应引导孩子了解未来的需求，提升学习的能力，主动适应未来。这要求父母要和孩子一起进行规划。规划就是立足当下，展望未来，以时间为轴，跟孩子一起想象，并把想象落实的过程。

现在我引导你亲自体验。

请先做两个深呼吸，让自己放松下来。然后，请你的潜意识帮你看一下内心的未来愿景。在心里看到这个画面，记住这个画面，这是你的潜意识给你的宝贵的礼物。

然后，想象自己也许某一天会离开这个世界。当你离开世界时，你的年龄多大？所处的环境如何？假如你看到你离开世界之后，有一个墓碑，写着你的传记或者你自己的名言，会写着什么呢？你听到别人如何评价你？好好地听一听人们是怎样描述你的。

记住这些描述，然后让自己稍稍地从那个场景中抽离出来。问自己有什么心愿，让自己内心涌现出那些心愿，也许是用文字的方式，也许是以画面的方式。让自己可以清晰地了解到这些重要心愿完成的时间和完成的情况。

慢慢地允许自己的潜意识把这些内容清晰地浮现出来，同时让自己记住这些心愿。接下来让自己从这个场景中出来，思考自己如何完成那些心愿，需要哪些能力辅助自己。那么，从现在开始，行动起来，努力去实现那些心愿。

互动分享：

1. 你对未来有什么规划？离开世界前有什么心愿？

2. 跟孩子一起做这个练习，或者你做完后再引导孩子做这个练习，听孩子跟你讲述他的未来故事。

（四）实用技巧：用梦想管理人生

很多家长好奇："吴老师，你说可以用梦想管理人生，我应该怎样帮助孩子用梦想管理人生呢？"

你要先帮自己用梦想管理自己的人生，然后才会不知不觉地影响、引导自己的孩子，让他用梦想管理自己的人生。

一个可以有效管理人生的梦想，需要具备以下几个特点。

第一，要明确实现梦想的时间，确定一个时限。无明确时限的梦想是没有意义的。

第二，要有梦想实现的画面、有实现的标志和证明。比方说我的梦想是成为一名律师，用什么证明梦想实现了呢？我看到了一个律师证或一个庭审现场，这就是梦想实现的标志和证明。

第三，梦想可以让你心情愉悦。假如一想到梦想就"压力山大"，或者想到梦想就感觉非常无奈，这样的梦想很难实现。而想到梦想就非常踊跃，这样的梦想才有可能实现。

第四，明确知道实现梦想需要哪些能力、资源和条件，以及知道如何去获取这些实现梦想的资源和条件。

第五，明确知道实现梦想需要经历哪些重要的阶段。

第六，知道自己现在需要做什么才可以更靠近梦想。梦想跟现实生活存在连接点。

用梦想管理人生，具体可以参考以下实际的操作。

你和孩子可以写一个梦想计划书，张贴在家里的墙上。这个梦想计划书，实际就是结合梦想的六大要素，可以用绘画的方式，或者用作文、列清单的方式呈现，它包含几个部分的内容。

第一，写上明确的标题——"×××梦想计划书"。第二，写上梦想开始和结束的时间。第三，要结合绘画，画出梦想实现的标志，包括每个阶段任务完成的标志。第四，要写上实现梦想需要的几大步骤、几个阶段。开始有意识地规划，知道每个阶段都有任务和目标，以及相应的标志和证明。第五，写上实现梦想所需的能力。明确自己已具备哪些能力，还需要提升哪些能力，然后计划提升你的能力。第六，需要了解并写下来实现梦想需要哪些资源。

此外，建议你把梦想广而告之，无数次地讲给别人听。讲述梦想的过程就是一个梳理的过程，也是勇气、凝聚力、信心和吸引力增强的过程。还可以另外做些其他的事，帮助自己实现梦想。如可以设计一个梦想板，把所有梦想实现的画面打印出来或画出来，张贴在家里。

互动分享：

做一个自己的梦想板并分享给大家，让更多人见证你梦想起航的时刻，然后引导孩子用梦想管理人生。

三、寻找你的"生命工作"

关于最适合自己的职业，我为它赋予了"生命工作"这个概念。这个概念是在我进行自我探索、陪伴许多朋友探索"我是谁"的过程中，慢慢沉淀下来的。

回答这些问题：你喜欢现在的工作吗？你对现在的工作满意吗？你做这份工作多久了？它满足了你生命中哪些基本的需要？假如你有足够的时间和金钱，你会做什么，最想做什么？

这里所说的"生命工作"，区别于为了谋生而被迫选择的工作，它具备这样的特点。

第一，自己喜欢、自己擅长且适合自己。

第二，不是为了满足其他人的期待，而是发自内心地主动去做这份工作。

第三，与原来所学的专业不相关，甚至跨界；跟收入、身份也无关。

之所以用"生命工作"这个概念，是因为很多人认为活在这世上，找一份工作是为了生存，为了谋生，为了养家糊口。

假如工作只为谋生，似乎并不能满足人们内在的精神需求。人这种高级动物，除了吃饱、穿暖这些基本的生存需求，还需要满足精神需求，需要赋予生命的意义和价值。

"生命工作"满足现阶段人们对文化和精神世界的需求，因为这个时代越来越追求精神幸福。《人民日报》一篇文章提出，物质时代的幸福已经结束，精神幸福的新时代已经来临。这个时代激发着很多人思考，自己所受的教育不契合现在的时代发展，而对孩子的教育也需要改变。

关于教育这个名词，英文是Education，狭义指学校教育，广义指影响人的身心发展的社会实践活动。教育的目的不是灌输多少知识，而是把每个人内心真正的状态引导出来，让他成为自己想成为的样子。

教育可以帮助孩子在未来生活中寻求自己的幸福。请注意这个"自己的幸福"，不是家人的，也不是学校的。我们要倾听孩子的声音，帮他成为最好的自己，在未来生活中找到他要的幸福。

假如目前这份工作就是适合你的、你喜欢的，可能做得太久了，让你有些厌烦了。你可以换个角度去想：我不再考虑要从这份工作中索取多少，而是思考我可以为他人提供什么服务？这样转念一想，你现在拥有的这份工作，已经具备了全新的含义。这时，你内心也许升起了一份喜悦、宁静和安然，开始珍惜自己的工作。

父母找到自己生命的意义之后能活出更有质量的人生，这时再去引导孩子，帮助孩子创造他自己想要的幸福。

教育的目的是帮孩子能够在未来的生活中，更成功地寻求自己的幸福。幸福不是其他人的，而是孩子自己的。追求自己的幸福是每个生命成长、发展的动力。

只有挖掘内心的声音，唤醒内心那颗沉睡的种子，这颗种子才会自动地吸收营养，才会在未来生根发芽、开花结果，长成参天大树。

帮助孩子寻找"生命工作"，我有以下几点建议。

第一，跟你的孩子分享你对"生命工作"的理解和探索。就如我跟女儿分享我探索的过程，激发她对自己兴趣的思考和探索。所以，把自己的经历和经验分享给孩子，是一种最直接的引导。

第二，可以引导孩子冥想。四岁以上的孩子就可以做冥想练习，引导他在天地和宇宙之间去看自己的存在，认识自己与万物的关系。前文有个"天地之间"的冥想，你可以带着孩子一起做，让孩子了解他不再是孤单的存在，也不只是父母的孩子，他是天地之间一个独特的生命。

第三，跟孩子一起探索我们这一生为何而来？营造一个和谐的沟通氛围，孩子会给你意想不到的答案，你可以听到孩子的心声。

第四，跟孩子一起寻找他的偶像。他的偶像可能是一位明星，也可能是一位企业家。不管是谁，引导他观察偶像的特点和工作状态，引导孩子去了解偶像的过去，带孩子广泛涉猎和思考，慢慢寻找偶像成功的规律。

第五，跟孩子一起探索不同层次的工作。

第一层次——为生存而工作，指为了吃饱穿暖而工作，为了活下去而工作。这种状态容易产生恐惧、竞争心理。

第二层次——为生活而工作，不断地感受生活的压力，不满足、没有安全感，苦恼人活着的意义，易迷失自我。

第三层次——为生命而工作。持这种工作态度的人是喜悦、轻松、被滋养、被祝福的。因为种下的全都是喜悦的种子，收获的一定是丰盛富足、自在的果实。

你可以从这五个角度陪伴孩子，你的孩子将会非常幸福，早早种下"生命工作"的种子。这个种子落到心里，会逐渐地生根、发芽、开花、结果。

互动分享：

分享你对"生命工作"的看法。

四、解析孩子的"学习困难症"

（一）"学习困难症"的类型

前面几节内容介绍了激发孩子潜能的技巧，探索了孩子的梦想与"生命工作"，之后开始回到孩子学习的具体问题上，包括学习困难的分析、调整考试焦虑，如何处理偏科、畏难情绪等问题。所谓的"干货"部分，都属于"术"类，是工具性的，效果取决于用工具的人。

经过前面足够的学习沉淀后，现在面对这些工具，你会更加得心应手，同时，不再依赖这些工具。你更看重生命的感觉、与孩子的关系，工具就变成你随时可以使用和丢弃的东西了。现在是跟你分享和分析孩子学习困难的最合适的时机。

孩子的学习困难症有四种类型。

第一，动机型困难。孩子对学习的态度是"要我学"，而不是"我要学"。前者是被动学习,后者是主动学习。

孩子没有找到学习的意义和价值,哪怕你给了他很多指导和建议,但都没有触动他的内心,没有推动他、说服他。无论你说的理由多么正确,他不接受都是无效的。所以,你要尽所有可能,帮孩子找到一个主动学习的理由。

有位爸爸,就用了灵活的方法帮孩子找到了好好学习的理由。这位爸爸之前用了很多理由说服孩子去学习,无论是使命还是前途,对孩子都是无效的。后来他发现,上初一的儿子开始喜欢女生了,他就和儿子聊天说:"你知道吗?男孩子这时在学校非常矛盾。一方面,他们很自卑,因为有喜欢的女孩子,不敢去追,觉得自己个头不高,学习成绩不好;另一方面,他们又非常希望女生能够看到自己。有的男生就会用打架、把头发染成绿色、上课时捣乱等方法吸引女孩的注意力。可实际这些方法都不是女孩子喜欢的。你想吸引你喜欢的女生,该怎么办呢?"

他跟孩子讨论,女孩子最喜欢成熟、有正义感、品质好的男生。这样的男生特点是什么呢?除了穿衣服帅、为人处事酷,成绩好的男生是女生最喜欢的。儿子和他讨论后,做了决定:"我要让我的分数提高,让我喜欢的女生看到我,我就有实力跟其他男生竞争了。"

儿子萌发了这个念头后,半个学期里成绩突飞猛进,从倒数第几到了中游。这个进步太大了,他一直通过有效的沟通肯定儿子,继续引导他:"你成绩好了,那个女生对你的态度有变化吗?"

儿子说:"不行,现在我的成绩还处在中游。我要看一看,假如成绩到了前几名,那个女生会不会对我有感觉?"

他又陪着儿子把成绩快速提升起来,当儿子期末考试拿到班级第五名时,儿子跟他讲:"啊,今天扬眉吐气了,那个女生竟然走过来,非常认真地跟我说：'你比我想象的要厉害。'"

儿子讲的时候，万般得意，眉飞色舞。他又说："那你是怎么讲的呢？"儿子回答说："我现在有了自信，发现那个女生没有我原来想得那么好。"

他问："那怎么办？接下来不学了？"

儿子说："不行，我还得学，我可以不断地突破自己，这是很好玩的事。大家都换了一种眼神看我，这感觉真好。"

这时男孩已经萌发了自我学习、主动学习的动力。这位爸爸从此以后只做儿子的后盾，不用在前边拉着、拽着儿子了。这是一位很有智慧的爸爸，他帮助孩子完成了学习动机上的突破。

第二，能力型困难。这是"会不会学"的问题。不同孩子的认知能力、学习能力各不相同。对于某些学科，有的孩子还没有扎实的基础去适应深入的学习内容。孩子学习不同科目的能力基础不一样，这是客观事实，不能要求孩子的所有科目齐头并进，这是不现实的。家长需要好好观察孩子，看看孩子哪些方面的能力不足，有针对性地提升和训练孩子相应的能力。

第三，情绪型困难。是指在过去的学习中有了失败的经历，给孩子造成了创伤。比如，某一科曾有一次大的失误；曾有同学讥笑、老师批评自己的学习成绩等。这类学习经历导致学生产生了恐惧、焦虑、压力、紧张、失望、对抗的情绪。这些情绪积压在心里，让孩子对学习或某科目望而却步。

第四，方法型困难。不同学科有不同的学习方法、记忆方法、注意力训练方法等。有的孩子虽有学习的动机、积极的学习情绪，但没有找到简单、易操作的学习方法，因而很难学好某一科目或某些科目。

　　注意，上面四种类型的"学习困难症"要根据孩子的具体情况具体分析，不能一味地强调态度问题，也不能只用辅导、补课这些无效的方法解决问题。在学习中，动机、能力、情绪和方法都会影响孩子的学习状态，要帮助孩子释放情绪困扰、提供能力训练，给予他有针对性的帮助。

互动分享:

你曾有哪些科目学习起来很困难? 这节内容对你有什么启发?

（二）孩子偏科怎么办

　　我对学习困难的分析让很多父母感慨："当年要有一个人这么懂我，帮我分析并给我帮助，我就不会有那么大的学习挫败感了。"

　　父母了解了自己的状态之后再去观察孩子，也许会发现过去误会孩子了。孩子也很无辜，内心藏着太多复杂的情绪，让他对学习产生了恐惧和厌倦。

　　接下来，我将为大家介绍孩子偏科的问题以及处理方法。假如孩子愿意，邀请他跟你一起学习本节内容。

　　先介绍一位孩子偏科的案例：

　　小A是一名初三的学生，在距离中考还有三个月时来找我做心理辅导。他最大的困扰是数学成绩老是提不起来，这会影响他中考的综合成绩。

　　我问小A："假如用一种自然界中的景象或者动植物来代表你心里对于学数学的感觉，会是什么?"

小A想了想告诉我，他看到在他一米之外有一大片沼泽地。他很害怕，也有点恶心。

在我有针对性地跟小A沟通后，他发现那片沼泽地开始变小、变浅，最后变成一片小水洼。

当小A看到那片小水洼的时候，我问："你现在有什么想法?"

小A说："我想跳到水洼里去踩水。"

我引导小A想象自己光着脚到水洼里踩水，溅起满身水花。当他在想象中完成这个练习之后，我把他带回到现实里来，问他："告诉我，现在学数学这件事对你来说是怎样的?"

小A晃晃脑袋说："没什么，我觉得挺好玩的。"

我说："那么今天离开我这里，回到教室，你桌上有一大堆的教科书和练习册，你会先选哪一个科目呢?"

小A说："我当然先选数学了，这么好玩!"他突然用"这么好玩"来形容数学，不再认为数学是一片沼泽地。

我说："很好啊，那你就保持对学数学这件事的态度，等到你中考结束之后，跟我报告你的好成绩。"

这是若干个处理偏科问题的案例中，我印象较深的一个。

结合众多相似的案例，我发现在那些偏科的孩子心目中，学得较差的那门课往往用石头、老虎、狼、狗、蛇、沼泽地、悬崖等让人感到非常紧张、恐惧的事物或景象象征。

人的大脑思维状态受控于心理状态。对于偏科的孩子来说，这些感觉可能源于某次学习挫败的经历，或是和老师的矛盾、误会。

有的孩子则是受不同的脑思维类型限制，学习某些科目会略微吃力。比方右脑型思维的孩子在学习逻辑思维强的数学、物理时，会比天生左脑有优势的孩子要困难。这些困难长期积压，会变成孩子对学习的恐惧，越恐惧越不想面对，越不想学就越逃避。

偏科的孩子心中的那些可怕的象征，其实是综合型学习困难的表现，不能用说教改变。说教作用的是左脑，感觉和象征是作用于右脑中的。处理孩子偏科的问题，可以引导孩子在冥想状态下去做积压能量的释放，或者和孩子面对面交流，让孩子把真实的话说出来，释放情绪，再增加学习能力，孩子就会开始喜欢学习。喜欢和爱，会吸引着孩子主动接触学习。我就是用这样的原理，帮助了上百位学习偏科的孩子重新找回对学习的热情。

互动分享：

尝试处理自己曾对某科目学习的恐惧，再帮助孩子处理他的偏科问题。

（三）疏解考前焦虑

关于考前焦虑，很多人认为在考前一个星期或考前两三天帮学生做个辅导就行。这是对考试焦虑的误会。十几年前我做考前辅导工作时，就已经在孩子考试前一年进行考前辅导了。因为考前焦虑辅导需要有针对性的对待，是需要综合处理的情绪问题，需要先了解焦虑这种情绪。

一件事让人产生焦虑情绪，代表两层含义：第一，这件事很重要；第二，以现有的能力不能处理这件事，需要提升自己的能力才能应对。

那么，需要提升哪些能力呢？在不一样的情况下，要给焦虑对象一个有针对性的帮助和辅导。

不是所有的焦虑都要消除。在焦虑的规律曲线中，焦虑程度为自变量，从弱到强的变化中，作业成绩为因变量，呈一条倒U型曲线。一个人的焦虑水平跟作业成绩不完全成正比。偏左的部分代表较低的焦虑，偏右部分代表较高的焦虑，当焦虑水平过低时，成绩也相应较低；当焦虑水平过高时，成绩反而下降；处于中等焦虑水平时，成绩水平是最高的，就是倒U曲线的最高处。中等焦虑水平代表我在乎这件事，但这份焦虑仍在我的控制范围内。保持在适度的紧张和焦虑中，会调动警觉和专注力，会集中精力在在乎的事情上。

了解了焦虑的规律曲线后，对学生、孩子的焦虑辅导，就可以从以下几个方面去做。

第一，假如孩子面临一场比较重要的考试，先评估焦虑水平处于哪个层次，是特别低还是特别高或是中等水平？

焦虑水平特别低，会表现出完全不在乎这件事的态度，过于随便。特别高的焦虑水平，则把所有注意力放在这件事上，会影响其他事情。并且过多专注在"万一考不好怎么办，万一考砸怎么办"的方向上，对结果过分看重，会让自己处在极度紧张的状态里。

这是两种极端现象。处于中等焦虑水平的人知道这件事很重要，会制订一个系统的计划，每天有效地安排自己的学习，在保持适当紧张感的同时不至于让自己吃不下睡不着。

第二，评估什么时候最焦虑，是考试之前，还是考试之中大脑一片空白，还是考试之后焦虑得睡不着觉？区分焦虑的不同阶段，才能有针对性地辅导。

第三，评估对考试目标的期待是否明确、恰当。一部分考生说分数"越高越好"，一部分则不知道自己对分数的目标，只有少数的人会给自己很明确的目标。这说明大部分考生的考试目标是模糊的、不恰当的，这是引发自己焦虑的重要原因。

考试目标要明确，最好比现有平均水平高出一个档次。有了明确的分数目标并进行针对性的复习，提升成绩就会变得比较容易。

第四，评估孩子有哪些能力需要提升，并根据具体的能力提升方法，帮助孩子缓解考前焦虑。

第五，跟孩子一起分析焦虑的来源。为什么会那么焦虑呢？是对结果过分担心，还是父母和老师给的压力太大了？了解了焦虑来源，就可以有针对性地处理焦虑。

除了这些具体的指导，还可以告诉孩子你的看法，为孩子提供所需的帮助。

第一，"我知道你很在乎这个考试，我也很在乎。"这是高EQ型情绪处理技巧。孩子在乎这场考试，家长懂得孩子，就要告诉孩子。

第二，要问孩子，"需要我帮你做什么？""你希望我怎么做，会让你减少压力？"听孩子给你的反馈，而不是提供一些他不需要的帮助。

（四）释放孩子的畏难情绪

经过对考试焦虑、学习困难类型及偏科问题的分析，父母们越来越明白，原来自己真的不了解孩子，也不了解学习这件事。

针对父母们的需求，我引导大家做个冥想，释放曾经有的学习困难情绪。

让自己放松下来，你可以坐着，也可以躺着，保持脊柱的直立，让自己把注意力放在呼吸上。每一次向外呼气的时候，将肩膀的两个点落下来，让这份从肩膀开始的放松，慢慢地遍布全身。

邀请你的潜意识，想着你想提升的学科。在你内心出现某种象征，也许是自然界中的景物、动物或植物。浮现出来的任何画面、感觉，或者某个声音，请都接受它。

每个人都会有自己的那份感觉和象征，信任你的潜意识给你的任何线索，对潜意识说："谢谢你，我收到了。"然后，去看一看那个象征的存在，记住它与你的距离、颜色、大小等。

当你看清这个象征的时候，体会你的内心产生了怎样的情绪反应？是恐惧、紧张、厌烦、恶心、想逃跑，或者是愤怒、委屈、失望、无奈？甚至可能不只是一种情绪。无论出现了怎样的反应，都对这些情绪说："是的，我知道，你们就代表着我对这门课的感觉。"

然后看着刚刚那个象征，对它说："你代表了我对学习某门课的感觉，这些感觉是……（将你刚刚觉察的感觉直接说出来）你们一直让我在这种情绪中，我很难受，今天我终于有勇气把这些情绪说出来了，终于有勇气面对你们了。"当你说完这些感觉后，你现在的感觉有什么变化？请说出你的感觉和你对它的态度，说出它一直以来带给你的所有的麻烦和伤害。

再去观察对面的那个景物和象征的变化。也许它的颜色变了，大小变了，与你的距离变了，或者还出现了其他一些变化。无论是对面象征物的变化，还是你自己内心感受的变化，都将它们说出来。

　　将这个过程中所发生的一切说出来，让一切自然地发生和表达，直到你听到心里有个声音说可以了，就可以回到现实中的房间里。

| 第六章 |

用善意引导孩子适应未来

一、探索成长，适应未来

唤醒孩子的内在动力，让孩子进入主动学习的状态，是为了引导孩子储备更多的知识和技能，更好地面对未来的生活。

未来社会不再靠成绩取胜，游戏规则会发生变化。父母要怎样引导和培养孩子，才能帮助他们适应未来的变化，并成为时代的引领者、弄潮儿？

很多父母非常担心和焦虑，但只有担心和焦虑并不能真正帮助孩子。未来学家丹尼尔·平克，预言未来时代的主人翁需要三个方面的基本技能。

第一个基本技能，是从理性到感性，需要有讲故事的能力、整合事物的能力、共情的能力、会玩的能力、找到意义的能力。

第二个基本技能，是应变力和创造力。目前的时代，则更在乎规划能力，创造力和应变力将是未来需要的基本技能。

第三个基本技能，是让自己幸福的能力。

这三个方面的技能对所有家长来说都是新课题，都值得细细琢磨和研究。未来的挑战会很大，引导孩子面向未来，家长们任重而道远。

中央音乐学院副院长周海宏曾为华为公司做过多次高管培训。为什么音乐学院的副院长会给华为的高管们讲课，他会讲什么呢？他说："要想成为一个幸福的人，就要有靠近美、靠近雅的生活的能力，而这将成为未来产品竞争力最核心的部分。"

这一节，我将跟大家分享如何提升孩子未来的幸福感、未来的精神价值。

（一）做孩子的精神偶像和生命导师

偶像，像榜样，像标杆，影响了不同时代的不同的人。他们也许是英雄，也许是明星，也许是领袖型的人物。很多人渴望靠近他们、模仿他们，他们有足够的吸引力和魅力，被当代人认同。

14~19岁的孩子正好处在世界观、价值观成型的阶段。对他们影响最多的精神偶像会成为他所认同的成功者。这些偶像特殊的光环和特点，满足了这一年龄段的孩子们的内心需要和对未来的渴望。

你还记得自己当年认同的那些偶像吗？是刘胡兰、雷锋？还是刘德华、周杰伦？还是像马云、比尔·盖茨这样的商业领袖？不同年代的孩子有不同的崇拜对象，认同不同的偶像就会模仿不同的人生，烙下不同的心理印记。

很多家长担心孩子通过动漫等各种文艺作品接触到不被自己认同的偶像，对孩子往往采用堵或压的方式，结果却收效甚微。其实换个角度想，与其担心孩子受"不良"偶像的影响，不如问自己："我能否成为孩子的精神偶像？我可以用什么独特的魅力成为孩子崇拜的偶像？"

在印度电影《神秘巨星》和欧美电影《奇迹男孩》中，都有一个了不起的母亲形象。电影《神秘巨星》中的印度母亲文化水平不高，看似懦弱，却保护了孩子的梦想；电影《奇迹男孩》中的母亲学历非常高，考上博士之后，发现自己的孩子生病了，于是中断了自己的学业，专心陪伴孩子，最终让一个有缺陷的孩子重返学校，建立了自信。

这两位母亲用自己独特的方式陪护孩子，赢得了孩子的爱和信任，成为孩子的精神偶像和生命导师。

在中国，很少有孩子把自己的父母作为偶像和生命导师，孩子们更多的是崇拜社会上光鲜亮丽的人物。父母们请扪心自问，是否让孩子感受到了独特的魅力？是否可以用自己的精神影响和感染孩子？

假如父母是孩子的生命导师，能在成长的每个阶段理解孩子，在孩子需要时给予引导和陪伴，及时提供帮助，也许孩子就不再求助于网络信息或者跟他一样幼稚的同学。他也不用再羡慕别人家的父母，因为他看到不断与时俱进、懂他、陪他的父母，可以跟他共经风雨。这样的父母就可以做孩子的生命导师了。

我们要做的就是用自己乐观向上、主动成长、鲜活的生命状态去影响孩子，让孩子感受到父母独特的魅力。

互动分享：

在成长过程中，你的精神偶像和生命导师是谁？孩子的精神偶像和生命导师又是谁？

（二）探索成长的意义

做孩子的精神偶像和生命导师，让自己有了一个全新的身份定位和追求。父母开始把眼光放在引导孩子适应未来需求、提升孩子的幸福力和创造力上面。这就是生命成长的意义。

成长这个词似乎是小孩子的专利。孩子从小到大，产生了许多变化，这个变化的过程叫成长。

我曾被学校邀请做专题讲座。我设计了一个互动环节，邀请在场的老师和领导们分享他们在参加工作后是怎样不断成长的？没想到这个很简单的话题，激起现场主持人比较大的情绪反应，他有点愠怒，解围说："吴老师刚刚是在开玩笑，她并不想让大家谈成长的感受，只是想让大家分享，是怎样不断改进自己的。"

事后他跟我做单独交流："吴老师，你怎么这么冒昧，怎么能让现场的领导们去谈成长呢？"我挺奇怪："为什么领导们不可以说成长呢？"他说："成长是学生的事，怎么能要求老师和领导谈成长呢？"他的说法让我很震惊："是吗？难道成长只是学生的专利，成人没有成长的责任和义务吗？周总理都说'活到老，学到老'，为什么我们却觉得成长是学生的专属名词呢？"

事实上，很多成年人只为谋职而读书。有了工作后，很多人已经不再进修和读书。虽然整个社会都非常重视继续教育，国家每年拿出专项资金大力推动各项岗位培训，但是大部分人对学习持有敷衍、无所谓的态度。很多成人的思想出现僵化进而停滞的情况，不再跟变化的世界产生互动。

在自然界中，小草在春天萌动、破土而出，在夏天枝繁叶茂，在秋天枯黄，在冬天沉睡，这就是成长。成长对所有人来说都意味着变化。

成长意味着改变，突破局限。成长不仅意味着肉体成长，更重要的是包括心理和人格的完善、精神的丰富和变化。成人同样需要成长，哪怕肉体走向衰老，可精神上却需要不断注入新的养料。

许多父母苦恼的本质是没有主动适应孩子的变化，没办法追上孩子成长的脚步，从而出现孩子对父母的对抗或逆反行为。当父母提前学习，站得更高、走得更远、有了更大的空间容纳变化时，也就给予了孩子更大的自由。

每个人要适应变化的时代，唯一的对策就是成长。很多父母是被难搞的"熊孩子"推上了学习成长之路，感受到成长的苦和乐。有的父母还要做笔记、画思维导图，戏言：当年读书时要这么认真，肯定会考上清华、北大。当你走上这条成长改变之路，以孩子的名义疗愈自己，以孩子的名义推动自己成长时，你会发现每天都有全新的体验，这是非常有意义的过程。

当我女儿被UWC（世界联合学院）录取，拿到全奖去加拿大读书的那天，全家人开心地吃完庆功宴，一起走路回家时，我问她："我突然有一点后怕，假如我没有在你七八岁时学习亲子导师课程，没有不停地讲授这些课程，你会不会在青春期叛逆甚至逃学，出现各种各样的情况呢？"

我很认真地问她，她也很认真地回答我说："也许会的。"我心里一惊。所幸我在孩子七八岁时就接触了亲子导师课程，在传授知识的过程中，不断把知识和技能本能化，陪伴孩子成长。我没有一天停下来，每天都在成长和改变，才勉强跟上孩子的步伐。

互动分享：

请以成长为主题画一幅心中最美的画。

（三）提升生命价值

引导、陪伴孩子寻找生命工作、寻找天赋和使命，就是在探索如何提升自己和孩子的生命价值。每个生命、每个人都包含三个部分。

第一，身体。身体是精神的载体，精神通过肉体来承担提升和净化的过程，所以需要爱自己的身体。

第二，每个生命还包含精神、灵性的部分。我是谁？我从哪里来？我要去哪里？人为什么要活着……这些抽象的问题主宰着对生命的意义和价值的探索。

第三，情绪。感受喜怒哀乐，感受情绪的起伏变化。

每个生命都包含三个部分，人活在世上，不能只顾肉体的吃饱和穿暖，还要满足精神上的需求和情绪的需要。当同时满足这三方面需求时，才能实现生命的价值。每天的生活、工作、学习要照顾这三个不同层次的需要，才会有真正的满足感。

推动孩子成长，同样也不能只用最低的生存价值。举例来说，大家耳熟能详的"为什么读书"的逻辑是为了好好学习。为什么要好好学习呢？为了找个好工作。为什么要找个好工作呢？为了将来找个好老婆或好丈夫，有套好房子，能够衣食无忧……很多孩子都被家长如此推动，从最低的生存价值去寻找生活的意义。

可孩子并不会被这样的价值所打动，因为他们现在已经吃得饱、穿得暖、生活无忧无虑，若再告诉他要通过学习来满足这些，他会感到莫名其妙。"父母说学习好将来才能过好的生活。我现在已经过得很好了，为什么还要读书呢？明明我现在读书很痛苦，父母却说读书能给将来带来好处，我才不信。"

所以用最低的生存价值或以恐惧和匮乏感推动孩子是非常无力而无效的。对于生活在优越环境中的孩子而言，需要用生命的价值推动他，他才有力量学习和成长。

2017年暑假，我为几个初高中的男生做咨询。他们来自不同的地方，年纪小的上初二，年纪大的上高二。他们遇到了比较大的麻烦，成为学校的"问题学生"，成绩不好、情绪暴躁、学习出现问题等。学校用各种各样的方法委婉地劝说家长给孩子退学，父母万般无奈，前来咨询。可当我真的跟这些孩子坐下来，一对一交流沟通后，我发现他们都是非常了不起的孩子，都带着更高的学习目标，有超过同龄人的智慧。但他们跟成年人很难沟通，他们理想的世界应该更安全、更和平、更美好。所以，会有委曲求全的男生，无论别人怎么欺负他，他都绝不还手。他说："人为什么要互相殴打呢？为什么不可以和平相处呢？"我问他："你对未来有什么打算？"他说："我要做一个和平主义者，我要维护人和人之间和谐的关系。我想保护弱小，去儿童福利院陪伴那些孩子。"

我感动得差一点儿掉泪。一个高高大大的男孩子，有着一颗柔软的心，他自己被欺负，却在想怎样去保护被欺凌的弱小。但这个善良的孩子却无法被老师接受。我引导他宣泄掉内心积压的很多恐惧和愤怒情绪。跟他一起策划未来时，他说："我想有机会在班级里做一次演讲，我想告诉大家，人和人应彼此相爱。"

一个念高二男生说他不知道什么时候了解了这个世界的不同维度和不同空间。他头脑中有关于世界在不同维度、不同空间上的模型，他很想讲给周围人听，可很少有人听得懂。他非常着急和焦虑，不明白为什么大家都听不懂。因为焦虑，他学习的时候很难安静下来。我邀请他为导师高级研修班学员做专题演讲，介绍他所理解的多维世界，介绍爱因斯坦的相对论。他被鼓舞，为专题演讲做了非常充分的准备。

他做了很大的努力但大家仍然似懂非懂。这时他把目光投向我："吴老师，我要怎么做才能让更多人听懂我说的话？懂得这些后，人的生命状态会不一样，会活在更高的境界里。"

我跟他一起讨论，可以做些怎样的准备，让他运用与生俱来的天赋为其他人服务；怎样开始第一步，脚踏实地，从此刻开始，可以在有一天让别人明白，我们大家可以活得更安全、更喜悦、更幸福。他的焦虑慢慢缓解了，变得放松。

跟这样的孩子沟通，不要跟他们谈功利性的目标和道理，而是要跟他们讨论怎样才能发挥自己的特长，为他人服务。

你的孩子也在等待被你理解、被你激发，期望你帮助他在未来活出他们的生命品质，活出独特的生命价值。这是父母义不容辞的责任。

互动分享：

你的生命价值包含哪些部分？你对自己的生命状态满意吗？你的生命绽放光彩了吗？

（四）实用技巧：家庭传家宝

父母希望孩子未来可以幸福，这是家族所有成员对后代的心愿。跟家族连接，是获得幸福的一个非常重要的过程。我将与你分享"家庭传家宝"这个实用技巧。

说到传家宝，你脑海中可能会浮现这样的画面：一个非常古老的箱子，里面装满首饰、值钱的古董等。这是有形的、物质的、可以看到的传家宝。除此之外，还有精神上的财富传承，称之为"家风"。

我有一位学员，认真走访了很多有名望的家族。他去看宗祠、翻家谱、了解家训，希望把这些东西传承下来，传给自己的孩子，让自己的家族一代代兴盛下去。家风代表的是精神的传家宝，被称为家中最贵的"不动产"。

家风这个传家宝，对每个家庭来说都非常宝贵，可很多家庭却完全忽略了家族的精神传承。在有的家庭中，因为另一半的老家在农村而被城里的亲人嫌弃，不接受对方的家庭，后代只能跟父母的某个家族成员来往，不允许接近农村人，怕把孩子带坏，不允许孩子回老家祭祀祖先。这是对家族的否定，同时否定了孩子生命的传承、源头和根基，会造成精神上的断层。

没有一棵树可以在没根的情况下生长。每个生命都需要与自己的家族完成连接。

怎样做呢？你可以讲过去的故事，听不同的人讲家族的故事；也可以通过祭祖，带孩子重返故乡看家谱；爸爸和妈妈分别跟孩子分享家族中的重大事件、传说等。

你可以让孩子在面对重大事件时，做一件最简单的事：闭上眼睛去感受自己的家族脉络和家族的生命河流。还可以跟孩子一起，请求所有祖先给予祝福，引导孩子感恩祖先，向祖先和所有的生命承诺，珍惜自己的生命，以生命创造更大的价值。还可以设计一个精致的传家宝箱，或准备一个精美的本子，存入家庭最珍贵的照片、家谱，写上故事，把重要的纪念品放进去。

2017年清明节，因为我跟先生在纽约陪女儿，所以没办法为我妈妈扫墓。我跟爱人、孩子一起非常庄严地完成了这个冥想。想象每人身后都有自己的祖先，对每一位祖先感恩，对每一位逝去的亲人表达怀念之情，也向他们请求祝福，向他们表达承诺：好好生活，把生命传下去。

虽然这个过程只有十几分钟的时间，但完成这个冥想后，我发现女儿更有力量、更加充满信心了，我们的感情也更加亲密。那是一个难忘的清明节！

这样的冥想可以在需要的时候随时随地进行。

互动分享：

你家庭的传家宝有什么？

二、婚姻与性教育

（一）解读婚姻

帮助孩子提升幸福感，一定逃不掉关于婚姻的解读。婚姻这个概念，对孩子非常重要。不同流派的心理学研究发现，对一个孩子的情绪影响最深、对未来人生示范最直接的，莫过于父母的婚姻状况。婚姻是每个人生活幸福感的主要来源。

培养孩子拥有幸福的能力，做父母的需要关注自己的婚姻状况，才有能力跟孩子一起讨论并示范未来如何经营婚姻。关于婚姻的系统讲解，我在《从"炼"爱到结婚——恋爱依眼力，好婚姻靠心力》一书中进行了详细的梳理。这本书出版后，收到了非常强烈的反响。无论是已婚人士、离婚人士，还是即将结婚的人，看完书之后都感觉好像完成了一次系统的婚姻培训。有人分享说，若早看到这本书，可能就不会离婚，不会经历婚姻中的那些痛苦。

每个人对于婚姻的理解不同。有人把婚姻当作生活的保障；也有人把婚姻视为找个伴过日子，期望有个安全稳定的家；也有学习过有关婚姻知识的人，把婚姻当作自己成长的学校。

对婚姻的解读不同，经营婚姻的状态会完全不同。在这个多元化的社会，婚姻的形式越来越多元化，但不管怎样，婚姻都是两个完全不同的人，以最近的距离生活在一起。在婚姻中经历的一切，对每个生命的成长都意义非凡。

婚姻中的另一半就是我们自己的一面镜子，我们可以通过他/她来了解自己。他/她眼中的自己是最真实的、呈现了所有状态的自己。假如在婚姻中可以真正接受和悦纳对方，彼此尊重、彼此相爱，是非常了不起的境界和状态。就好像太极图的黑白二鱼，对立而又统一，和谐而独立，这是经过磨合和挑战之后形成的相依相伴。

所有的孩子来到这个世界，最先见到的就是父母。夫妻如何经营婚姻、如何互动，在孩子的世界里，烙下了最初的印记。

也许它烙下的是男人尊重女人、女人尊敬男人的温馨画面；也许烙下的是双方不断出现纷争和打骂、彼此冷漠、充满冷暴力的世界；也许烙下的是"世上没有真正的爱和幸福婚姻"这样的信念。孩子会因此害怕进入婚姻，害怕经历父母曾经历过的那些伤痛。

父母在婚姻中给孩子示范什么，孩子在潜意识中就会接受什么，他会在未来的生活中用学到的那些去经营婚姻。

假如父母没有给孩子进行幸福婚姻的示范，孩子经营幸福婚姻的能力从哪里来？除非自己有主动觉察、新的选择能力，可以有意识地选择新的生活，有确定的方法和能力，不再重复父母的痛苦和悲剧，否则只能无意识地循环自己抗拒的一切。

幸福需要学习、训练，需要通过主动自觉的练习，才能本能化。

有位心理学家做过这样的实验，找三个同样的空纸杯，另准备一个装满水的杯子，摆在桌上。这三个杯子分别代表孩子、爱人、你自己。你先在心里做个区分，然后把仅有的这杯水分到三个杯子里。怎样分呢？跟随你内心的感觉去完成。

然后请观察，哪个杯子里装的水最多？谁的杯子里装的水最少？请记住答案，如何解读我将放在下一节进行。

互动分享：

关于婚姻，你内心的感受是什么？

（二）活出你的幸福婚姻

上一节的实验，结果惊人地相似。大部分人给孩子倒了最多的水，留给自己和爱人的水都是少的。这说明在很多家庭中，孩子的重要程度高于伴侣的重要程度。

一男一女，建立家庭。第一身份是夫妻，第二身份才是父母。可当孩子到来后，在很多人心中孩子的地位超越了伴侣的地位。这是一个非常危险的信号,当把孩子的位置放在夫妻之上,很多家庭的婚姻会出现问题。

很多人认为孩子更需要爱,更需要被照顾,婚姻不需要经营。这样的案例比比皆是。孩子出生后,夫妻都为孩子而忙,两人有矛盾时,都把注意力放在孩子身上。夫妻两人长年分房睡,爸爸或妈妈陪孩子睡觉,这些都是隐藏婚姻关系问题的表现。

谈到幸福,托尔斯泰说,幸福的家庭总是相似的,不幸的家庭各有各的不幸。多元文化时代,不同的人对幸福婚姻的解读各不相同。每个人的幸福婚姻也不是按别人的标准经营的,在婚姻中自己是当事人,只有自己觉得幸福,才是真正的幸福。就像穿在脚上的鞋子,是否舒服,只有自己知道。

婚姻不是经营给别人看的,而是为夫妻二人经营的。如何经营幸福的婚姻?

第一,经营幸福的婚姻跟两个人是否在一起生活没有关系。婚姻中的两人各自是独立而又完整的,如果因为拥有对方而获得了更多的尊重和爱,产生了1+1>2的富足感,那么这样的婚姻就是幸福的。

假如双方不是独立而完整的状态,没有尊重和爱的感觉,尽管天天相守、近在咫尺,可能也是不幸的。幸福的婚姻,是精神上彼此相伴。哪怕分居两地,都可能获得幸福。

很多人说,为了孩子,两个人凑合过,形式上在一起。这样的家庭已经不再有婚姻,也无法谈及幸福。只要两个人在一起就是婚姻,这种观点是错的。婚姻的质量取决于两人精神上的连接。

第二,幸福婚姻跟两个人的物质条件、外在形象是否般配没有关系。婚姻不用证明给别人看，不需要维持一种苹果皮式的和谐。所谓苹果皮式的和谐，是指表皮光鲜，可里边已烂如棉絮。

第三，幸福的婚姻是流动的。所谓流动，就是付出和收取爱的过程是双向的，彼此给予，彼此得到。两人都在往婚姻的情感银行里存钱，也都从中取钱。只存不取或者只取不存，感情无法真正流动，会僵化而停滞。只为重复吃饭、穿衣等日常生活的婚姻，没有新鲜感、没有活力的婚姻，都会让人慢慢地变得机械，这时很容易出现婚外恋。这是一个非常危险的信号。

第四，幸福的婚姻是开放的。彼此都允许对方有成长和改变的空间，都愿意放下自己心里给对方贴的标签，真正看到、听到、感受彼此，让彼此都在成长。不想把对方改成自己想要的样子，而是允许对方做他自己，这是所有出现矛盾的夫妻需觉察的一点。

第五，沟通有效、健康，婚姻就会幸福。这里说的沟通不是说服和教化，而是相互了解，相互理解，建立共同的"我们"。这样的沟通不执着于对错、好坏是非，而是着眼于如何让彼此更好。把注意力放在对错、好坏的沟通上，两个人都很痛苦，因为谁都认为自己是对的，都想改变对方。

家不是讲对错的地方，而是讲感情的地方。要把注意力放在怎样可以让对方更好上，这样去沟通才会真的有效。

第六，幸福的婚姻，两人各自绽放、各自独立。没有牺牲者，没有受害者，而是相互保持在精神、时间和空间上的独立，愿意为对方付出，愿意彼此欣赏、彼此尊重，同时相互支持和陪伴。

很多人觉得经营婚姻的挑战很大。婚姻需要彼此珍惜，双方愿意为实现婚姻幸福的目标而学习，经历相互适应、冲撞、磨合的过程。

假如让你做个评估，你给自己的婚姻打几分？1分到10分，10分表示非常幸福。把手放在胸前，请潜意识给你一个数字。老老实实地做评估，假如在5分以上，恭喜你，你的婚姻是流动的、开放的，有幸福感和提升的空间；假如在5分以下，那就要好好面对婚姻中出现的问题，夫妻双方共同解决问题。千万不要抱怨对方，婚姻是两个人的事，不能把责任归给对方，你至少要负1/2的责任。

承担你的责任吧，开始学习，开始活出自己。去补一张"婚姻上岗证"，好好地让自己通过学习，培养爱的能力、幸福的能力。即使不再跟对方一起生活，你还是要有在下一段关系里创造幸福、创造爱的能力。

你必须具备这份能力。哪怕你自己不再需要建设新的婚姻关系，都要把这份幸福和爱的能力分享给你的孩子，引导他们在未来经营幸福的婚姻。所以，不管是为自己还是为孩子，你都需要提升幸福和爱的能力。

互动分享：

分享你最渴望分享的婚姻中幸福的片段。

（三）示范你的亲密关系

帮孩子提升经营亲密关系的能力，需要自己以身示范，而不是语言的教导。我们的今天，就是孩子的明天，父母的亲密关系的质量和水平就是孩子明天模仿的范本。

此处的亲密关系非特指婚姻和恋爱关系，我引申为泛指生命中所有亲近的关系，包括与父母亲人的关系，和爱人、孩子的关系，也包括跟好友、闺蜜的关系。

每个人都活在人际关系里。请评估自己的亲密关系质量，评估分数从1分到10分。在你的亲密关系中，哪种关系的分数最高？哪种关系的分数最低？

示范亲密关系，需要有良好的觉察力，剖析自己现在的状况。觉察自己，在人群中常常以怎样的状态出现？假如用下面六个词形容你在亲密关系中的角色，请找出最合适、最符合自己的词。这六个词分别是：付出者、索取者、抱怨者、受害者、拯救者、依赖者。

假如你认为自己是索取者、抱怨者、受害者、拯救者，甚至依赖者，认为自己在亲密关系中不是受欢迎的人，想逃离，你需要反思、修正自己的身份定位，校正自己的言行。

先问一问自己：在每次的付出和拯救后，内心深处是不是对对方有期待、渴望？比方，你希望帮了别人后，对方能按你的想法好起来，希望获得对方的感恩，或者希望对方也能对你好一点儿。

接着问自己：在与别人相处时，你自己的位置恰当吗？你给自己找准了合适的位置吗？

具体来讲，你和对方按辈分和年龄，谁大谁小？假如对方年龄大、辈分高，可你做了很多操控对方、拯救对方的事，就把自己放错了位置。因为作为年龄小和辈分低的你，没有尊重对方的权利和责任。

再问自己：明白对方到底需要什么吗？你的帮助，是否剥夺了对方的权利？

比如，一个孩子需要探索，就在不同的道路上尝试、体验。父母害怕孩子走弯路，不想让孩子受挫折，想给孩子指一条光明大道，认为

"自己走过的桥比他走过的路都多"。所以父母告诉他并逼着把他拉到安排好的路上去。但孩子有自主选择和尝试的渴望和需要，他可能表面上会应付父母，但私底下还是要去尝试。也许他在尝试的过程中闯了祸，父母会更加伤心，觉得他不懂事，不明白自己的心意。孩子也许会义正词严地反抗："凭什么把你的经验强加到我头上？我自己都没有试过，怎么知道哪条路近呢？远和近是相对的，我必须走过远路，才知道什么是近路呀！"

假如父母静下心来想想，听到和懂得孩子的需要，就会明白孩子只是想自己去尝试和体验，并不是想违逆父母。

对孩子是这样，对生命中其他的亲人也是一样，要了解对方的需求，尊重对方的需要。

问自己：你主动为别人所做的一切，到底是为他还是为自己？听到这句话，你可能会很生气："我从来不为自己，只是为别人！无论是对孩子、爱人，还是父母，我心心念念只为他们好！"真的吗？你所做的一切，到底是为满足对方的需要，还是为满足自己内心的需要？

日常生活中有很多热心的人，不管别人是否邀请，自己就主动介入别人的生活，做自己觉得好的事，完全不顾对方是否需要。

我曾经做过一个案例。有位女士把救助流浪猫当作自己的使命，她做得很辛苦。她要跟很多不同意见的人去争论，把自己弄得疲惫不堪。我问她："你为什么对拯救流浪猫有这么强烈的使命感？"她说："我看它们可怜呀！"我说："假如只用自己力所能及的方式去拯救这些猫，你不会让自己这么辛苦。你如此辛苦地跟别人争论，内心是否有其他更大的动力呢？"

一开始，她不愿意面对，但慢慢地她还是静下来去探索，到最后，发现了自己的内心有个很深的创伤。小时候，她养的一只小猫被她不小心从楼上摔下去了。这只猫死之后，她非常内疚，可没有得到及时的心理辅导。很深的内疚藏在她的潜意识里，她完全不自知。当她看到这段创伤记忆后，突然发现自己救猫的动力是自己的内疚。当我帮她把小时候的创伤释放后，重新看现在拯救流浪猫的过程。她看到自己像一个疯狂的小孩子，有非常幼稚的表现。"噢，原来我做这个事，是我自己的需要，并不是那些猫需要我这样做，也不是别人在跟我作对。"

下面分享与人相处的基本智慧。

第一，他不问不求，我不给。

第二，我只给自己心甘情愿、不求回报的那部分，然后我会放下那部分，不要任何回报而心安。

第三，我欣赏、尊重、信任他人，每个人当下都有自己最好的选择，应给别人空间，不打扰别人。

第四，祈祷和祝福所有的生命都可以活出自己的幸福。

好好品味这几句话，调整自己的言行，处理好与他人的关系，感受亲密关系的平等和喜悦。

互动分享：

分享你自己曾经"好心不得好报"的案例。

（四）青春期性教育

青春期性教育，是父母们非常渴望能与孩子分享的话题。

我在"吴文君亲子说"公众号中有关于青春期叛逆解读的系列课程，深受家长和同学们的欢迎。

所有的成人都有义务和责任对10~21岁的处于青春期的孩子进行性教育。

青春期性教育包括性知识、认识身体、接受生理变化，以及接受、了解男女生理之别，性别的认同和接受。

有篇文章非常简单地把青春期性教育概括为：对青春期的女孩最好的教育叫底线教育，对青春期的男孩最好的教育叫阳光教育。

那么底线教育包含什么呢？

第一是身体的底线。不允许随意出卖自己的身体，去换取任何好处。

第二是生活的底线。你要知道如何在生活中照顾好自己，健康和安全都是要自己关注、照顾的部分。

第三是感情的底线，不能妥协。为了让别人对你好，完全丧失自我，这样是不行的。你有足够的价值和尊严，值得别人尊重和呵护你，不需要讨好任何人。

第四是生命底线。你的生命高于一切，无论出现任何情况，都不许轻视生命。

对男孩最好的阳光教育应包含冒险教育、规则教育、挫折教育、独立教育。

除此之外，要教导青春期的孩子如何在群体中生活。要获得在群体中的归属感，需要每个人贡献自己的价值。所以要教育孩子学会合作，学会助人，学会主动参与，学会做决定和执行。自己的人生自己做决定，并对自己的行为负责。跟别人相处的时候，要多配合，要尊重彼此。

教给孩子自尊，捍卫自己的权利和义务，才能尊重别人。

要教孩子学会面对冲突。有了生命危险时，可以选择从冲突中退出，保护自己的生命安全，学会自救。要能够自敬，也能够敬人，要用这样的态度处理事情。

当处于青春期的男生彼此挑衅、彼此冲撞时，要教孩子学会退出，学习捍卫自己；学习不理会别人的挑衅；学会接受他人的意见，学会认错和道歉。这些都是必备的。要教孩子探索自己的梦想，了解自己的感觉，珍惜生命。这些都是青春期性教育非常重要的部分。

青春期性教育不是单纯的性的教育。我喜欢把青春期性教育称为人生教育、生活教育、生命教育。在孩子成长的关键期，教他如何生活，如何爱自己，如何创造幸福。

请各位父母注意，不要把教育作为我说你听的训导和说教。尤其对青春期的孩子，需要先学习倾听、引导和发问。可以看电影、电视、书，大家可以一起讨论。不能以家长的权威，板着脸告诉孩子"你应该怎样"，他们不会轻易相信你，甚至会引发亲子之间的辩驳和争论。

在《哈佛女孩刘亦婷》这本书中关于青春期的孩子的记录令我印象深刻，帮助我陪孩子度过青春期。书中说要把青春期的孩子"当作邻家的朋友"相处。

什么叫邻家的朋友？邻居家的朋友来串门，要先敲门；你请他进来，要给他端茶倒水；跟他聊天，你可以给他建议，但不能强迫他一定喝水，也不能要求他必须做什么。给了他尊重、允许的空间，他可能才愿意跟你聊天。假如你给他很多要求，逼迫对方，你们之间的关系就会中断，他再也不来串门了。

在孩子青春期时，我们就可以换一个身份，不像原来那样居高临下，而要跟他平等相处，把他当作邻家的朋友，所有的引导和教育的原则是"会听比会说更重要"。当你有足够的耐心作为倾听者去倾听孩子时，你就可以了解他，然后才能引导他。

无论男孩还是女孩，都要进行底线教育。和孩子约定几项安全规则，比方晚上几点之前一定要回家；不可以跟异性单独相处；遇到特殊情况、突发事件，要报警、告知父母等。必须非常认真、严肃地知会孩子这些约定，让孩子明确知道如何做，并且跟孩子讨论，明确违反规则的处罚方式，并重新确定各自承担的责任。除这几点外，告诉孩子："我们给你足够的空间、时间，我们尊重你的选择和决定。"

可以随时和青春期的孩子分享自己的生活感受、成长经历、听课的收获，可以邀请他参与讨论国内外大事、家中重要的事情。可以和孩子约一个固定的时间，召开家庭会议，也可以私下聊天和沟通。直接面对自己的孩子，有话当面说，有话直说，有话好好说。跟孩子建立起和谐的关系，把你的人生经验分享给他。

到目前为止，你觉得最不能开口跟孩子讲的是关于钱、性，还是关于未来的职业、事业？还是关于人应该怎样活着？无论是什么，都是你需要突破的，也是必须完成的人生课题。不能再逃避了，与其拖下去，不如老老实实地面对和处理，或者参加课程、找个专业的咨询人员帮你完成这个部分。

互动分享：

你当年在青春期有哪些没完成的课题？现在还有哪些问题是难以跟孩子沟通的？

三、解读金钱

（一）你与金钱的关系

有些父母反馈说："这些内容、这些话题，学校没有教、父母没有讲、社会也没有具体引导。因为孩子的推动，我才补上这些课，感觉太及时了。"

我能感受到你拓展生命后的欣喜和愉悦。我们从小被教导要好好生活，过稳定、安全、富足的生活，也一直在为这个目标努力，拼命工作，积累财富。我们还将这些教导传输给孩子，希望孩子过丰盛的生活。

说到丰盛，许多人头脑中的画面都会是宽敞明亮的住房、非常漂亮的车子、银行的存款、若干不动产等，认为若是拥有这些，人生就满足了，一定会过得自在、幸福。可很多已经拥有了这些的人，却感受不到自在。他的注意力似乎都在赚钱上，虽然拥有了物质上的富足，但精神上还是比较贫瘠、不自由。

很多人对金钱又恨又爱，复杂而矛盾。一方面，他们把多赚钱当作生活目标；另一方面，他们骨子里对铜臭不屑。谈到钱的话题会羞答答的，认为赤裸裸地追求金钱似乎不太地道，同时又认为自己拥有的钱不够。这份矛盾和冲突，影响了我们内在的富足。

每个人是自己财富的源头，跟父母的关系，是与财富联系最早的能量起点。

每个人是金钱的源头和创造者。假如现在对自己拥有的财富不是特别满意，你需要觉察自己卡在了哪里，并找出解决和释放的方法。

你可以拿出纸来，一口气写下20条关于金钱的信念。金钱是什么？请把心里涌出来的任何念头都自然地写出来，然后放下这张纸，把自己抽离为旁观者，重新审视这些信念。哪些可以推动自己处理好与金钱的关系？梳理这些信念。

在成长的过程中，很多人产生了对贫穷的恐惧。也许是小时候跟父母要钱买冰棍却遭父母训斥，然后觉得自己没资格得到爱、没资格花钱，恐惧的种子藏在心里很深的地方，限制着自己。对匮乏的恐惧、对物质和金钱的贪欲会让人丧失理性，需要主动释放身体里的压抑和阻塞，释放因金钱匮乏而产生的恐惧。

问问自己：是否拥有的比渴望的更多？

这些都是觉察金钱和自己的关系的线索，可以从这五个角度进行简单地梳理，检视自己对金钱的信念。

互动分享：

请分享你对金钱的20个看法。

（二）活出你的丰盛

丰盛和富足，不仅指物质上的丰盛和富足，还指精神上的丰盛和富足。拥有丰盛和富足的人，一定是一个足够自信、足够独立、觉得自己足够完整和圆满的生命。

我常分享，我内心的世界就是一片大海，每个人在这个无限丰盛和富足的大海面前，用自己的容器舀自己需要的水，海水永远都舀不完。这个世界本是丰盛和富足的，这是我的世界观。

很多人认为，世界是充满竞争的，只有喂饱自己才能顾得上别人。也有人说，世界是天堂，只有喂饱别人才能让自己吃饱。这是两种完全不同的世界观。世界观不同，生活的状态也不同。前种世界观带给人的是紧张、压力，是斗争、对抗。持有这种世界观的人认为世界像一条已经被晒干了的河流，没有水分，地表干裂，很难获取更多的资源。认为世界是一片无尽的大海的人，内心则是富足的、丰盛的，是有安全感的。

到底哪种状态是你想要的？也许是时候改变自己对世界的看法、改变自己活着的状态了。每个人都活在丰盛的世界里，每个人都可以活出自己的丰盛，你相信吗？

如何活出自己的丰盛呢？

第一，需要有自信。你要从骨子里相信自己可以照顾好自己，自己有天赋和使命，可以用自己的天赋和使命为社会服务。你提供的服务会得到足够丰盛的物质和精神资源，会有足够的金钱、足够的自由。

第二，需要有足够的勇气去寻找自己的才能是什么，寻找为世界服务的方法。

第三，带着平和的内心去创造丰盛。

第四，只把注意力放在展现自己的潜能、完成使命上面。

当一个人可以做到这些的时候，他一定是爱自己、尊重自己的，知道自己有独特的价值，会稳稳当当、踏踏实实地实现自己的价值。他会主动自然地跟别人连接，发现自己真正想要的东西，不断提升自己的能量，吸引更多美好的事物。

一个能够活出丰盛的人，一定是在做自己喜欢做的事，每个时刻都是喜悦和开心的。

在一个案例中，一位中年男士计划用15年赚够100万，然后让自己退休，过自己想要的生活。他努力了好几年，发现这个计划很难实现。

有一天，很疲惫的他陷入沉思，问自己："我想赚100万，到底是为了过什么样的生活？"

他想，假如他有100万，就有足够的闲暇做自己喜欢的事。哪些是自己喜欢的事呢？他喜欢音乐，虽然没学过作曲，但总有种想用音乐表达的愿望。既然用15年赚不到100万，不如从现在开始，就挤出时间做自己最想做的事。

他有了这个念头之后，开始改变自己的人生规划。他不再拼命赚钱，而是让自己每天有独处的时间感受音乐，尝试在琴上表达内心的旋律。

奇妙的事发生了：他允许自己这样做后感到内心充满喜悦和幸福。他每天有足够的时间沉醉在音乐的世界里，然后开始创作一些简单的乐曲。带着这种丰盛的感觉，他白天上班也变得与以往不同。他开始愉悦地跟别人打招呼，工作也很有效率。因为工作状态改善了，他很快就得到晋升，收入突然涨了一大截。同时，他创作的音乐domo在一个网站发布之后被很多人争相购买，成为电视剧、电视节目的配乐素材。他因此有了足够的收入。短短一年时间，他好像一下子就梦想成真了，有了自己喜欢的工作，有了自我实现的满足感，同时也有了足够的积蓄。

这样的经历让他明白，原来这才是丰盛的开始，当内心有了喜悦、丰盛之后，才能吸引丰盛的生活。丰盛不是从外界求来的，而是从自己的内心获得的。

互动分享:

为了活出自己的丰盛，你决定做什么？建议你将计划一一列出来，分享愿意分享的部分。

（三）示范你的财商

当父母活出了自己的丰盛，就可以示范给孩子如何生活。不但要示范自己健康的心态，还要示范财商。

财商是指在财富和财务管理方面的智慧，财商代表赚钱的能力。

感受世界是丰盛的，自己是丰盛的。金钱只是物质富足的一个标志，要让它能为已所用。让自己不被金钱奴役，就需要了解金钱，引导孩子处理好跟金钱的关系，让孩子享受更自由的人生。

20世纪末，有个叫罗伯特·清崎的人写了一本风靡全球的书——《穷爸爸富爸爸》。他是第一个主动把财商用游戏和书的形式展示出来的人。很多人开始办培训班、设计财商训练游戏，帮助人们处理好跟金钱的关系。

父母应该如何示范正确的财商？

第一，让自己接受现阶段的财务状态。不管你现在贫穷或富有，都请你接受自己的状态。

第二，尊重和珍视自己的价值。

当你珍视自己的价值，为其他人、为社会服务时，就会获得与之匹配的回馈，金钱只是其中一种。在商品社会里，买东西需要用钱，为别人服务后别人表达感谢，也是要通过钱维持付出与收取的平衡。

钱是对付出和服务的一种回馈。有人说："我只想做好事，不想留名。"这也是一种需要，是希望获得金钱之外良心上的安宁。假如让对方有亏欠感，也是一种不公平，能量也会不平衡。你证明了自己的清白，却忽视了对方追求公平感的需要，不如欢喜地接受对方的赠予，然后再用其他的方式让这份对方赠予的金钱流动出去。

很多时候，做有意义、能够帮助人们创造更好生活的事情，其意义远远大于所得的金钱，精神回馈是无价的。

第三，对已经拥有的一切充满感激和喜悦。

对自己已经拥有的一切充满感激和喜悦，也是开发财商的重要表现。我曾经有位学员是一位非常能干的英语培训专家。他设计了网络课程，为照顾更多人的需求，定了比较低的价格。有人买他的课，他的第一反应是："啊！有人买我的课了，真开心。"第二反应是："哎呀！才这么点钱，没什么值得高兴的。"我提醒他："你对自己付出的劳动不珍惜，缺少足够的感激和喜悦。因为价格是你自己定的，说明课程的价值与学费是基本平衡的。有人来买课，说明你得到了认可，哪怕钱很少，但得到的每一笔学费都是你付出劳动后应该得到的回报。假如你对得到的每一笔学费都充满喜悦，你的喜悦会吸引更多珍惜、尊重你的价值的学员，你该得的酬金也会源源不断地到来。"

你花出去的每一笔钱都会流动，你得到的每一笔钱也带来了尊重，值得被接受。

第四，慷慨地给予，开放地接受。

给别人创造丰盛的机会，这是能量循环的"礼物"。我们要喜欢送"礼物"给别人，赋予其他人能量，同时不带任何的条件，慷慨地送出自己心甘情愿给予的部分。如送一枝花给陌生人，或愿意给对方一个拥抱。我想传达内心的爱和喜悦，别人带给我意外的惊喜时，我愿意接受，因为我想成就别人创造丰盛的机会。

互动分享：

请分享你提升财商的计划。

四、解读生命

（一）探索生命

有位家长朋友留言说："吴老师，最初我以为你只是教我怎么做家长，现在突然发现，我像打开了一本生命百科全书，填补了我几十年人生的空白，出乎意料的丰盛让我喜不自禁。"我希望我所说的内容能够推动大家快速成长，同时希望父母引导孩子活出生命的伟大和尊贵。

接下来，我将从物质、关系、财富、精神几个方面为大家分享人关于自由的渴望。

身体的自由是指可以管理自己的身体，可以不被病痛控制，可以不被地点、时间限制，有行走的自由、生活的自由。在关系方面，我们希望跟周围的关系是自由的、和谐亲密的，是可以彼此支持的。在财富方面，我们希望自己能实现财务自由。从精神的角度讲，就是渴望精神自由。

综合这四个角度，每个生命在经历和体验从生到死的过程中，想追求的是自由、独立和圆满。

读书是为了经历生命中从未知到已知的探索，满足探索的欲望。人与人建立关系的意义，则是为了经历分离和合一，是从依赖到独立和圆满的过程。人与人建立各种关系的目的，就是为了经历和体验。工作的意义，则是为了发挥天赋的价值和完成使命。

娱乐在生命中也很重要，它的意义就是让人享受、放松。娱乐是每个人生命中不可或缺的部分。

综合以上四个角度，我们如果要满足生命的需要，就要珍视和尊重生命。在世界上，最宝贵、最重要的是以物质形式存在的生命。因为有了生命，一切的探索才有可能，精神的承载才可能实现。没有什么是比生命更珍贵的存在。每个生命与众不同、独一无二，同时又是平等的。

每个生命要活出自己的价值和意义，这对于自己或他人都非常必要。孩子考试的分数不能代表孩子的生命价值，孩子上哪所学校也不能代表孩子的生命价值。外在的一切都不是生命价值真正的体现。

到底什么可以证明生命的尊贵、独一无二呢？谁有资格证明？唯一有资格的，就是每个生命。当生命带着喜悦、爱、安宁、平静的状态活着时，这个生命就在呈现最大的价值。

互动分享：

分享你对于自己的生命的独特理解。

（二）让生命绽放

让生命绽放，是你来到这世界上的最大的意义。

活着就要活得像个人样，这是老百姓的俗语。邀请你做个自我评估，请你给自己打分，1分到10分，10分表示最满意。此刻，你给自己打几分？

假如你给了自己10分以上的评价，恭喜你；假如你给自己7分，说明你已经意识到自己还有可以提升的空间；假如分数在7分以下，代表你有很多需要梳理、好好调整的部分。

每一个人都有绽放生命的权利和机会。哪怕你认为你已经人到中年或已经知天命，也请你不要那么快停下脚步，不要那么快就给自己下定义："我这辈子就这样了，我就是这样的人。"你确定你真的完全地认识和了解自己吗？

每个人都有无限巨大、未知的空间等着自己去挖掘、去探寻。所以，无论你的孩子有多大，你自己都要好好地珍惜自己独特的生命，都要活到老、学到老、绽放到老。我们不能早早地重复父辈当年的状态，不能把这样的生命状态呈现在孩子面前。

很多老年人退休之后参加合唱团、绘画班，学习游泳、花样滑冰，去做许多年轻时都不敢做的事，绽放自己的生命。

问自己：假如生命还剩下三天时间，你还有什么要完成的心愿？写下来，面对自己内心的渴望，不逃避，带点勇气去看这个答案。

继续问自己：假如可以重新选择，你会选择过怎样的生活？将答案记录下来。

再次问自己：假如下一刻就要离开世界，你会有什么遗憾？有什么不甘心的事？

根据这三个问题的答案，为自己列一个计划，让自己即刻行动起来，不要把生命用来等待！等孩子出生，等孩子上幼儿园，等孩子上小学、初中、高中、大学，等他大学毕业、结婚，再等着带大他的孩子。这时自己老得再也动不了了，最后抱憾终生。这是我们想过的日子吗？

父母活得绽放，孩子就会无忧。自己活得绽放，未来也会无忧。这就是父母给孩子最好的礼物。假如你真的爱孩子，那就过好自己的生活，让自己活得精彩，绽放自己的生命。

互动分享：

给自己的生命状态打分，找到待提升的部分。

（三）挫折教育

现实生活中也总有意想不到的挑战和挫折。

就像孩子在家里信心满满，可到学校经历了学习的挑战和挫折时，也许会败下阵来。如何解读挫折带来的成长和意义？如何给孩子示范挫折后怎样成长？

说到挫折时，你想到的第一个词是什么？是失败、错误、丢人的事、弯路、浪费，还是可怕？

20世纪八九十年代，社会主流评价"80后""90后"都会说：现在的孩子脆弱，经不起打击；责任感差，心高气傲、自私等。这些否定的声音，似乎有集体讨伐之意。我却为孩子们鸣不平："为什么不反思成人用怎样的教育塑造了这样的孩子？"

稍加注意，就会发现这样的现象：父母照顾孩子时，往往会为孩子提供非常完美的理想的环境。父母甚至想为孩子把他一生的路都铺好，因为怕孩子走弯路，怕他们受打击。父母按照自己的意愿，不知不觉地满足自己小时候很多没满足的期待，想把自己父母当年没给的，都给自己的孩子。

很多年轻夫妻结婚后，迟迟不要小孩，理由是还没准备好。他们想挣到足够的钱，不让孩子受委屈，可以给孩子最好的物质条件和最好的教育。总之，他们就是想给孩子一个理想的、完美的世界，创造没有挫折的成长空间，让孩子一生顺利、不经风雨。若孩子遇到麻烦，父母就替孩子摆平一切。

在这样的环境中长大的孩子，在他经历风雨时，会怎么样呢？很多企业的HR讲起员工时，总是摇着头说："现在的家长不得了，送孩子来报到时会告诉大家他的孩子有什么缺点，希望得到大家的包容。"

这样的孩子，当他遇到困难没主意、不知如何办时，父母、上司或社会又去怪罪他们承受挫折的能力差，这对年轻人来说是非常不公平的。因此，必须重新审视挫折在生命成长中的意义。

孩子在学习走路时，不断地摔倒又站起来，摔够了跟头，自然就能学会走路。摔跟头是学会走路的前奏，摔跟头是学会走路必须经历的挫折。

孟子说："天将降大任于斯人也，必先苦其心志，劳其筋骨，饿其体肤，空乏其身，行拂乱其所为，所以动心忍性，曾益其所不能。"这就是以挫折磨炼一块璞玉，吃得苦中苦，方为人上人。在经历挫折和尝试的过程中，让生命本来的力量绽放出来。

所以，在人生中，每一次的挫折都是必要的。"没有失败，只有尚未成功的反馈。"挫折就是一种学习和提醒，经历挫折的过程就是逐渐成熟的过程。挫折的提醒包括：

1. 目标是否定得过高，需要重定？

2. 是否要重新规划实现目标的路径？

3. 实现目标的方法是否要做修改？

4. 目标是否跟现实差距太大呢？

这四个提醒告诉我们，每个生命活在世上，需要不停地尝试，不停地体验，不停地经历挫折。在这个过程中学习、适应、运用资源，整合资源，在困境中实现成长，让自己变得更有力量。

世界上最大的对冲基金公司桥水的创始人瑞·达利欧，总结自己若干年做基金的所有经验，提出人生中最值得实践的六个字："失败""学习""改进"。他期望员工也按这六个字去做。

排在最前面的是失败。我们是否允许生命中有失败、挫折存在呢？面对挫折，越害怕越抗拒，挫折就会越强大。最有效面对挫折的方法，无外乎以下四点。

第一是感恩。感恩挫折的到来，感恩学习机会的到来。

第二是面对。看一看挫折对自己而言意味着什么？面对挫折，从挫折中找出自己的不足，加以改进。

第三是学习。反复用不同的方法，尝试获得不同的效果。

第四是收获一份新的经验，丰富自己未来处理相同问题的能力。

用这样的方法应对生命中的挫折时，你会发现自己越来越有勇气，越来越有力量。感受生活中与众不同的风景，这样的过程更真实、更刺激、更符合生命成长和突破的需要。

这样陪伴孩子面对挫折，孩子会越来越自信、有勇气，充满力量。

互动分享：

请分享你生命中印象最深的受挫折的经历，你从中学到了什么？

结业祝福

我将用一个简单的结业仪式表达我的祝福。

此刻，我们不再陌生。

通过文字，你已熟悉我思考问题的模式，体会我在每段文字里传达的精神状态。我们的连接是通过对孩子的爱完成的。

这份爱，带着你创造了奇迹。我知道在这个过程中你克服了很多困难，应对了很多挑战，可你坚持了下来。你有了很多改变，一点点累积下来的改变，让你已经不是刚开始学习时的那个你了。为自己的坚持和改变点个赞吧！

从2018年1月开始，我奔走在全国各地的课程现场时，总会有学员给我拥抱，表达相见的激动。"我是'父母的惊人蜕变之旅——180天，帮你成为导师型父母'课程的学员，我们全家人都熟悉了你的声音，习惯在你教授的冥想练习中入眠，现在终于见到真人了。我们还在听'婚姻上岗证''陪伴孩子高效轻松学习'和你开设的其他课程。"有学员这样对我说。

当初很多人是为帮助、引导自己的孩子而来学习的，同时自己也受益良多，还有一批有志于把这些学问分享给其他人的导师型父母们，在学习课程的过程中脱颖而出。你已经尝到了学习成长的快乐，你已经开始一段新的职业生涯，准备在未来的生命中，做分享和传播亲子知识的导师，帮助和影响像你一样曾经痛苦的父母和家庭。

这就是一个美妙的学习过程。从最初自己焦虑万分，到现在尝试帮别人走出焦虑，这个转化的速度很快。这是孩子的推动，也是孩子送的一份礼物。你真实地感到孩子是我们的天使。

我常常问："假如不是你的孩子用各种问题逼着你，你会来学习吗？""不会，我已经很多年不看书了，只帮助孩子看课本。我曾经觉得自己不再需要学习，只要引导孩子学习就行了。现在我开始了全新的学习之路，像学生一样提升自己。每天进步的感觉太好了！"大家用生命绽放的色彩为世界增添爱，这世界因此变得更美丽。

我把"网络微课"整理成书，让你捧在手上阅读。文字带给你的感觉一定会有很多不同。

今天该是告别的时候，也是你作为父母获得"导师型父母"上岗证的时候。我坚信，从今往后，你无论遇到什么，都会有足够的能力和良好的状态去面对。你开始珍惜自己的生命，承认自己是一个独立的生命，开始活出自己独特的生命状态，能够给孩子做出正确的示范，更有能力帮助和引导孩子。

你的孩子可能开始崇拜你，主动向同学和老师介绍你："我父母是学心理学的，你们要不要让我父母帮你做个辅导呢？"

各位朋友，你们已经发现了一条新的通往未来的路！

无论你对未来有怎样的打算，无论当下还有多少因孩子而让你头痛和被挑战的感觉，你都可以带着全新的学习经验继续走下去，你可以把课程内容分享给更多的父母，你可以继续学习下去。直到有一天，我们在课堂里相遇，可以面对面地真正看到彼此。

未来我的声音还会继续陪伴你，我还会研发新的课程。只要"网络微课"不下架，你都可以重复听，你的亲人和朋友们也可以随时听。你也可以反复阅读这本书，参加更多导师组织的线上读书会和线下读书沙龙。

会有更多人因你的帮助发生变化；也会有更多的孩子因为父母的改变，使他们的未来有更多的可能。这是值得大家共同去做的有意义的事业。让自己先笑起来，让自己的家庭先笑起来，让千万个家庭笑起来，是我们共同的心愿。亲道文化就在你们的笑声中分享、传播得更远！

无论我有多少不舍，也要在今天和大家说再见。感恩在线上陪伴我六个月的朋友们；感恩申汝科老师，在六个月里对每一课的精细加工，让每一课都得到精美地呈现；感恩冉老师，给我生活上所有的支持，让我每天有录课的安静的时间。

同时感恩所有看得见的、看不见的一切，认识、不认识的朋友和无数的生命，是你们推动我，允许我做了生命中一件非常有意义的事情。我独处一室，以视频课程和书的形式连接到无数的生命。能以我所知为大家服务，是我的荣幸，我的使命！

最后衷心地祝贺你，完成学习，获得"导师型父母"上岗证。建议你把证书挂在家里，纪念这段不平凡的成长岁月。

感恩所有的孩子，感恩所有的学员！请带着所有学习的收获，到现实生活中创造属于你们自己独特的生命的奇迹，绽放独特的生命吧！爱你们每一位！

我在苏州盛夏的酷暑中，完成了这本书的第三次校稿。正值"亲道文化导师百日分享"接近尾声，同时也是"亲道导师——青鸟计划二阶"启动的重要契机，我很开心终于完成长达一年的校稿过程，让这本书终于可以应读者需要，早些面市了。

感恩邢桂贤导师为我完成初稿和二稿的校对，感恩为我完成四稿校对的姜明华导师。正是因为有你们，这本书才能更早地与读者见面。

再见。

吴文君